◎万　剑　李兴远　著

中国瓷器缠枝纹装饰

元

武汉理工大学出版社

图书在版编目(CIP)数据

中国瓷器缠枝纹装饰. 元 / 万剑, 李兴远著. —武汉 : 武汉理工大学出版社, 2023.7

ISBN 978-7-5629-6579-4

Ⅰ. ①中… Ⅱ. ①万… ②李… Ⅲ. ①瓷器(考古)—器物纹饰(考古)—研究—中国—元代 Ⅳ. ①K876.34

中国版本图书馆 CIP 数据核字(2022)第 101378 号

项目负责人 : 史卫国　　　　　责任编辑 : 史卫国
责 任 校 对 : 余士龙　　　　　装帧设计 : 许伶俐
出 版 发 行 : 武汉理工大学出版社
网　　　　址 : http://www.wutp.com.cn
地　　　　址 : 武汉市洪山区珞狮路 122 号
邮　　　　编 : 430070
印　刷　者 : 武汉精一佳印刷有限公司
发　行　者 : 各地新华书店
开　　　　本 : 710×1000　　1/16
印　　　　张 : 12
字　　　　数 : 235 千字
版　　　　次 : 2023 年 7 月第 1 版
印　　　　次 : 2023 年 7 月第 1 次印刷
定　　　　价 : 288.00 元

缠枝纹或"缠枝花"是中国古代最常见且最具意义和民族特色的装饰纹样之一，曾被广泛运用于各种器物的装饰之中。一般认为缠枝纹出现于汉代，流行于魏晋南北朝，发展于唐宋，而大盛于元明清三代。在漫长的历史变迁与中外文化交流互动的过程中，缠枝纹在保持基本骨骼或结构不变的情况下，也因审美观念的变化以及新题材、新元素和新技法的运用而滋生出许多新的形态，到元明清时期，逐渐衍化发展为一个包括缠枝莲花、缠枝牡丹、缠枝菊花、缠枝葡萄、缠枝石榴、缠枝百合、缠枝葫芦、缠枝宝相花、人物鸟兽缠枝纹等在内的、庞大的缠枝纹"家族"。这些千变万化、令人眼花缭乱的缠枝纹饰，不仅是美的、艺术的存在，也是能够直观表达古代中国人生活与审美观念的文化符号。

◎ 范明华

缠枝纹之所以具有如此经久不衰的历史并且受到广泛认同和普遍欣赏的审美价值，其原因大概有四：一是其抽象的、呈"S"形弯曲并向上下左右四方延展的构成骨骼，就像一个代数公式因代入不同数字而产生不同计算结果一样，可以通过代入不同植物元素而呈现出不同的意义；二是它以常青藤、扶芳藤、紫藤、金银花、爬山虎、凌霄、葡萄等藤蔓植物枝杆为骨骼原型，以莲花、牡丹、石榴、葡萄等植物花叶为基本构成元素并呈"S"形分布于器物表面的形态，是一种区别于几何形态的、能够激发出生命想象的有机形态。这种形态或由此形成的波线式二方连续或四方连续图案，从形式上看具有一种循环往复、变化无穷的动态美感，这种美感的生成与中国古代美学向来重视变化、节奏或气韵的表现以及和谐、圆融的境界追求均有着直接的关联，同时也与中国古代哲学一气运化、气脉相连、生生不息的宇宙观念和生命观念密切相关；三是它带有象征意味的符号形式系统，既体现了中国古代"观物取象""立象尽意"的象征性思维方式，延续了先秦两汉以来祈求吉祥和福祉的祥瑞文化传统，同时它所要表达的意义，也与中国古代重生、尚和、尊自然以及追求多福、多贵、多寿、多财等现世价值的人生哲学有着深层的语义关联；四是缠枝纹复杂而有条理的构成，既在形式上与中国古代注重线条的造型艺术传统相一致，同时在文化层面上也与中国古代占主导地位的儒家所倡导的文饰审美观念互为表里。

由于时间久远和应用面广泛，缠枝纹饰的研究已经开始超越工艺美术史或装饰艺术史的范畴而具有了文化学、哲学、美学、社会学、民俗学等多种学科的研究价值。在这方面，宁波职业技术学院丝路艺术研究中心团队的研究具有一定的开拓价值。近年来，作者专注于缠枝纹饰研究，并且取得了一系列研究成果，成为该研究领域重要的学者之一。作者曾在 2019 年出版了三十万余字的《中国古代缠枝纹装饰艺术史》一书，系统梳理了中国古代缠枝纹装饰从产生到发展的历史。同时在原有通史研究的基础上，又致力于中国缠枝纹装饰的断代史和专门史研究，在这一领域继续深耕，以元明清三代瓷器上的缠枝纹饰为研究对象，续写出了《中国瓷器缠枝纹装饰》的元、明、清三卷书稿，将缠枝纹饰的研究进一步深化和细化。我认为，相比于已经出版的《中国古代缠枝纹装饰艺术史》，这三卷书稿在内容、写作或叙述结构上主要有以下三个新的特点：

一是进一步深化了对缠枝纹饰演变规律的揭示和概括，包括对中国缠枝纹早期历史的追溯以及元代以后中国缠枝纹饰演变规律的总结。关于缠枝纹的最初来源，学界迄今并无公认的说法，有的认为来自国外，有的认为出自本土，有的认为是本土纹样与外来纹样相互融合的产物。在《中国瓷器缠枝纹装饰·元》的开头，万剑教授比较集中地讨论了这个问题，并且倾向于认为缠枝纹是以本土纹饰为基础、通过吸收外来纹饰而逐步形成的。由此，他将缠枝纹的"前史"推到史前，认为新石器时代彩陶纹样中的"波状曲线""涡旋形曲线""S 形曲线"与缠枝纹的骨骼结构具有相同的审美特质，可以被视为缠枝纹的最初萌芽。此后商周青铜器上的云雷纹、勾连雷纹、涡纹、窃曲纹等曲线装饰以及战国至汉代漆器上的云气纹等更进一步强化了屈曲、流动、变化的意象，并成为缠枝纹中"缠"的意象的重要来源。佛教于东汉传入中国之后，外来的纹样加入到缠枝纹的创造，其中，经过改造的忍冬纹和卷草纹成为缠枝纹的最初形态，并在魏晋南北朝以后流行和发展开来。元代以后，因版图的扩大，欧亚文化的交汇，缠枝纹进一步受到中亚甚至欧洲的影响，由此成为当时瓷器的主要纹饰。就瓷器而言，作者认为元代以后瓷器的缠枝纹饰经历了从模仿到创造、从粗犷到纤细、从简约到繁复、从单色到多色的演化。作者的这些讨论和观点符合缠枝纹尤其是瓷器缠枝纹的历史事实，同时也具有一定的启发价值，对于从宏观上把握中国古代缠枝纹饰的历史脉络和艺术特征有一定的帮助。

二是在按照时间顺序尽可能对元明清三代瓷器缠枝纹饰史作出全面叙述的同时，突出不同时代主要发展阶段缠枝纹饰艺术特点的分析比较，并且力求从宏观上勾勒出三个时代瓷器缠枝纹饰的风格特征。在这三卷书稿中，作者不仅从瓷器的生产和销售、瓷器业的发展以及社会文化和风俗等方面讨论了元明清三代瓷器缠枝纹饰的历史背景，而且也从骨骼、构图、题材、色彩等方面剖析了这三个时代瓷器缠枝纹饰的艺术特色，内容可谓丰富，但在叙述上则各有侧重，如在考察元代瓷器缠枝纹饰时，重点分析的是蒙古草原文化、游牧民族性格和心理以及中亚尤其是伊斯兰纹饰对元代青花瓷缠枝纹的影响；在考察明代瓷器缠枝纹饰时，重点分析的是明代成化年间景德镇窑所产瓷器缠枝纹饰的艺术特色；在考察清代瓷器缠枝纹饰时，重点分析的是清代乾隆年间青花瓷器和珐琅彩瓷器缠枝纹饰的艺术特点，由此总结出元代瓷器缠枝纹饰粗犷明快、明代瓷器缠枝纹饰清新自然、清代瓷器缠枝纹饰繁缛精巧的时代风格特征。

三是在注重对元明清三代瓷器缠枝纹饰总体艺术特征进行准确把握和描绘的基础上，突出从审美的角度进一步对各个时代瓷器缠枝纹饰的个案进行具体的分析，包括对其形式、手法和意蕴作出分析。从元代以后，缠枝纹饰的题材不断增多，到清代时几乎无所不包。面对众多的题材，作者主要选取其中最具普遍意义的缠枝莲花、缠枝牡丹、缠枝菊花、缠枝葫芦、缠枝葡萄、缠枝宝相花等进行风格学和图像学分析，并以大量的插图和附图为例，以图文互证的方式揭示出不同时代同一题材在纹饰线条、色彩、构图、形态、创作手法和纹饰语义上的差异。书中的大量图例，特别是书后对大量古代经典瓷器缠枝纹饰图片的细致解读，不仅使得作者的叙述具有了很强的说服力和可读性，同时也为读者认知、熟悉和赏玩中国古代瓷器缠枝纹饰提供了很大的便利。

总的来说，万剑教授团队的《〈中国瓷器缠枝纹装饰〉（元、明、清）》不仅从宏观上揭示了元明清三代瓷器缠枝纹饰的艺术特征和演变规律，而且在诸多细节问题和个别案例的艺术特质分析上也有相当深入的讨论，是一部具有开拓性质且具有相当理论视野和深度的学术著作。

2022 年 6 月 21 日于武汉大学

目录

Contents

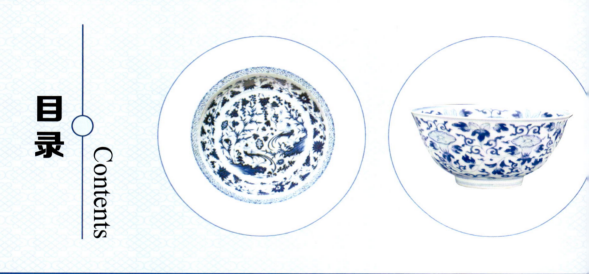

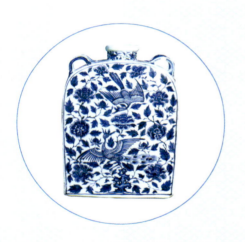

Chapter I

中国缠枝纹渊源

从人类之初，原始先民就已经开始进行懵懂的装饰，氏族部落的原始图腾、记录日常生活的洞窟壁画、多样色彩的功能彩陶等均是留给我们现代人思考的"美"。早期装饰或是对于原始巫术的崇拜，或是宗教意识的盛行，或是对于美的心理需要等，均为后来的装饰艺术大发展奠定了重要的基础。中国传统纹样在几千年不断的装饰艺术发展过程中，体现了中华民族独特的审美历程，记录了各个时代人们在心理上追求美、追求吉祥的外在表现。中国缠枝纹是我国优秀传统纹样的重要表现形式之一，其所展现的形式、母题、含义、精神均承载了中国传统文化之精髓。在漫漫历史长河中，缠枝纹广泛地交融于不断发展中的宗教、哲学、艺术、文化等多个领域，体现了不屈的文化精神和强大的生命力，是中国古代植物装饰艺术的史诗。中国缠枝纹的纹样演变过程记录了我国古代文化发展的历史年轮，反映了中华民族文化的发展脉络和历史文化心态，见证了中华民族装饰艺术的发展历程。

第一节　中国缠枝纹的起源说

关于缠枝纹的起源问题，不少专家学者进行了探讨，学术界众说纷纭，看法不一。从中国本土来说，田自秉、吴山等为重要代表，认为传统缠枝纹是由古代"云气纹""动物纹""缠绕植物纹"等变化而来。还有一些中国学者认为，中国缠枝纹融入了外来装饰艺术元素，且在魏晋南北朝时期，佛教艺术开始逐渐与我国本土装饰相融合，外来纹样影响到我国的本土纹样，缠枝忍冬纹由此而诞生。西方的艺术理论家以阿洛伊斯·里格尔（奥）、贡布里希（日）、W. G. 古德伊尔（美）为主要代表，认为世界缠枝纹或者西方缠枝纹起源于古埃及。中国部分学者直接借鉴了此类观点。

一、本土起源说

国内学者田自秉、吴山、丁涛、樊文江、欧阳琳等认为缠枝纹是在中国的传统纹样基础上发展演变而来，战国至秦汉时期的云气纹极度发展为缠枝纹奠定了基础，南北朝时期的忍冬纹形成了缠枝纹运动的骨骼脉络形式，隋唐的卷草纹大叶花草铺天盖地滚滚而来，席卷了整个中国乃至影响了亚洲邻国，形成了中国缠枝纹的发展脉络。

（一）汉代卷云纹

田自秉认为缠枝纹最早在中国出现的形态应该是汉代的"卷云纹"[①]，认为"卷草纹似由动物纹或云气纹演变而来"[②]，"在汉代的铜镜边饰上已经出现"[③]，"到了魏晋南北朝称为忍冬纹，唐代称唐草纹，近代称香草纹"[④]。"此种纹样流行甚久，汉代的铜镜边饰即已初见，又称卷云纹，实即卷草纹……"[⑤]。这是中国缠枝纹早期起源于卷云纹的论述。

（二）汉代蔓草纹

丁涛、吴山、陆晔等认为缠枝纹约起源于汉代盛行于南北朝、隋唐、宋元和明清[⑥]，汉代由于曲线类云纹、植物纹样相比之前大量出现，专家学者们对汉代缠绕、卷曲类纹样的探讨非常深入。吴山在《中国纹样全集》（魏晋南北朝·隋唐·五代）中认为，出土于四川万县和河南洛阳的两汉时期的画像砖上已有缠枝纹雏形。这些雏形已经初具了缠枝纹缠绕茎叶的特征。这些画像砖上的蔓草纹已经有主茎、枝叶，具有了缠枝纹装饰的特点，此后的缠枝纹发展以此为基础，并且认为蔓草纹是东亚缠枝纹的根源，这从日本飞鸟、奈良时代和朝鲜古墓等出土的缠枝纹可得到证明。[⑦]"历年的考古资料表明，缠枝纹的发展，两汉时期朴拙古实，为萌芽时期；南北朝清新泼辣，为发展阶段，隋唐以唐为最盛，绚丽、旺盛、多彩。"[⑧]从汉代到南北朝到唐代，缠枝纹不断传承，在不同的时期有不同的艺术风格和装饰特征。从吴山的观点分析来看，中国缠枝纹产生在中国汉代，并且随着时代的发展，缠枝纹的形态进一步得到了发展，在各个时期有自己的特点。

① 田自秉,吴淑生,田青.中国纹样史[M].北京:高等教育出版社,2003:193.
② 田自秉,吴淑生,田青.中国纹样史[M].北京:高等教育出版社,2003:229-230.
③ 田自秉,吴淑生,田青.中国纹样史[M].北京:高等教育出版社,2003:389.
④ 田自秉,吴淑生,田青.中国纹样史[M].北京:高等教育出版社,2003:229-230.
⑤ 田自秉,吴淑生,田青.中国纹样史[M].北京:高等教育出版社,2003:389-390.
⑥ 丁涛,吴山,陆晔,等.中国工艺美术大辞典[M].南京:江苏美术出版社,1989:1103.
⑦ 吴山.中国纹样全集(魏晋南北朝·隋唐·五代卷)[M].济南:山东美术出版社,2010:6.
⑧ 吴山.中国纹样全集(魏晋南北朝·隋唐·五代卷)[M].济南:山东美术出版社,2010:7.

（三）魏晋南北朝忍冬纹

到了魏晋南北朝的时候，忍冬纹得到了极大的发展。田自秉认为：魏晋南北朝时期的忍冬纹的枝蔓和叶片特征非常清晰明确，在当时的工艺美术品装饰中应用较为丰富广泛。[①]特别是在石刻、铜器、染织方面装饰运用更多一些。[②]

胡平、张道一的《工艺文化的交流——缠枝纹典型例》认为不同的国家有不同的缠枝纹典型样式：埃及、希腊、罗马的缠枝纹典型形态为缠枝棕榈、缠枝忍冬、缠枝莨苕等。波斯、印度的缠枝纹典型形态为缠枝葡萄、缠枝郁金香、缠枝忍冬、缠枝莲花。早期中国缠枝纹接触的外来植物缠枝纹，是随佛教传入中国才始其端倪的。自然便以出现频繁的缠枝忍冬纹为其模仿的典范。从这一意义上讲，中国缠枝纹以忍冬为最初的早期形态。[③]

吴山认为："魏晋南北朝和隋唐的缠枝纹是在忍冬纹的基础上发展起来的，并且是东亚缠枝纹的根源，日本飞鸟、奈良时代和朝鲜古墓中出土的缠枝纹装饰可以证明这一点。"[④]

欧阳琳认为我国北朝时期，西北人民尤其是少数民族特别喜欢忍冬纹，因此，忍冬纹是应用和装饰频率非常高的纹样之一。她认为，忍冬纹的形态来源于对金银花的形态描绘，更由于金银花的生命力很强，凌冬不凋，古人借用金银花寓意来赋予忍冬纹的精神。在各种装饰中含有长寿延年的吉祥寓意。[⑤]早期忍冬纹的"精神"应该与当时人们的某种信仰或者爱好是一致的，从而许多装饰出现这一纹样。虽然此时并未有缠枝纹的名称，但是从历史遗存上的纹样形态来看，中国缠枝纹以忍冬纹的形态广泛出现，逐步席卷中国大地。倪建林认为由忍冬纹发展而来的卷草纹，是云气形式的具体化表现，且这种卷草纹样并不以具体的植物为对象[⑥]。

扬之水在《"大秦之草"与连理枝——对波纹源流考》[⑦]一文中写道：林徽因《敦煌边饰初步研究》一文曾讲述忍冬纹的源流。林徽因认为忍冬纹的早期形态应该是巴比伦-亚述系统的一种"一束草叶"的图案。这种一束草叶有七个叶瓣，叶瓣束紧了，上端散开，底下托着的梗子有两个卷头底下分左右两股横着牵去，联上左右两旁同样的图案，

① 田自秉,吴淑生,田青.中国纹样史[M].北京:高等教育出版社,2003:229.
② 田自秉,吴淑生,田青.中国纹样史[M].北京:高等教育出版社,2003:389.
③ 胡平,张道一.工艺文化的交流——缠枝纹典型例[提要][J].南京艺术学院学报(美术与设计版),1987(04):20-23.
④ 吴山.中国纹样全集(魏晋南北朝·隋唐·五代卷)[M].济南:山东美术出版社,2010:6.
⑤ 欧阳琳.敦煌图案简论[C]//.全国敦煌学术讨论会文集,1987:43-44.
⑥ 倪建林.从忍冬到卷草纹[J].装饰,2004(12):61.
⑦ 扬之水."大秦之草"与连理枝——对波纹源流考[C]//.大匠之门16,2017:199-206.

可以成为一种横的条状装饰,这便是古希腊爱奥尼亚式柱头的早期发源形态。后来,在希腊系中植物装饰卷头底下又有一种新的写实草叶形态,有锯齿,被翻译为忍冬草。这种草叶,演变成大大的花草装饰在卷头的梗上,而梗逐渐变得细小形成圈状藤蔓。扬之水认为:所谓"忍冬纹",并非是某种植物的特写,并非是金银花的原型,早期只是外来的"一种图案中产生的幻想叶子",认为称之为"蔓草"或"卷草"更符合它的来源。不同来源的忍冬纹流行于印度及中亚,并不断地融合发展。扬之水的观点认为"忍冬纹"本身就有不同的来源,又广泛流传于印度和中亚各地,通过不断的交融演变,东传到了中国。中国本土本身就有忍冬纹,这在最早期与外来的所谓忍冬纹是并不相关的。

(四)唐代卷草纹(唐草)

到了唐代,缠枝纹的形态为"卷草纹",一般按照国际的说法称之为"唐草"。从已知的文献中可以知道,唐草这一名称是世界对唐代卷草纹的通用名称。田自秉认为"唐代是中国卷草纹最为流行的时代。"[①]田自秉先生认为卷草纹是由卷云纹变化而来,同时也认为卷云纹是忍冬纹的前身,卷云纹、卷草纹、忍冬纹、唐草都是一脉相传的,是在不同的发展阶段的不同称呼和不同表现形式。

"唐草"这个名称来源于日本。从日本学者城一夫的《东西方纹样比较》中,我们可以知道日本的"唐草"称呼来源于中国古代唐朝。[②]实际上,日本的唐草与中国的卷草纹出自同一本源,都是通过高丽(今韩国、朝鲜)传入日本的。且城一夫认为与唐草相当的外国名称是阿拉伯蔓草花纹。

日本学者杉浦康平在《造型的诞生——图像宇宙论》中专门谈论过唐草,最主要认定唐草的依据是来自中国涡纹的花纹。[③]杉浦康平认为,"唐草"这个词语应该是日本人在平安时代创造的,流行于日本。后来这个名字流传到中国,逐渐就将缠枝纹称呼为"唐草"。杉浦康平认为"中国唐草"来源于中国古代装饰纹样"涡纹"(涡旋纹)的原型。我国早期涡纹在原始社会马家窑彩陶中大量出现,且在随后社会发展的每个时期都应用广泛。

田自秉在《中国纹样史》中多处写到"唐草",认为"唐草"是唐代的重要纹样、特色纹样,在唐草装饰母题中,牡丹是最多的题材。[④]唐草中,花卉母题非常丰富,种类繁多,牡丹作为当时的国花象征着富贵荣华,体现着唐代的大国气度,受到了从统治阶级到平民百姓的喜爱,这是一种盛世繁华的装饰表现。

① 田自秉,吴淑生,田青.中国纹样史[M].北京:高等教育出版社,2003:389.
② (日)城一夫.东西方纹样比较[M].孙基亮,译.北京:中国纺织出版社,2002:33.
③ (日)杉浦康平.造型的诞生——图像宇宙论[M].杨晶,李建华,译.北京:中国人民大学出版社,2013:54.
④ 田自秉,吴淑生,田青.中国纹样史[M].北京:高等教育出版社,2003:229.

樊文江主编的《美术辞林·工艺美术卷》对"唐草"有这样的论述：唐草是一种由蔓草变化所组成的纹样，意指唐草是来源于春秋战国至汉代的蔓草纹。在国外古希腊、罗马也有此类形态的蔓草纹。实际上，蔓草从春秋战国时期已经作为一种主要的植物装饰纹样，这一点可以从考古出土的楚国丝织物中得到印证。到了唐代，因其装饰性强，变化丰富，铜镜、漆器、石刻、织锦、陶瓷、建筑装饰上面都有应用。[①] 在这里，樊文江认为，古希腊、罗马装饰中有类似的结构或者形态一致的植物装饰纹样，但并未进行缠枝纹装饰中西方来源或者相互影响的说明。

楼广西在《中国传统建筑装饰》中认为"唐草"是由"忍冬"变化而来的，从母题和组织形态上进行了述说。[②] 从形态来说，忍冬已经不是单纯的忍冬，而是脱离了原来的模样，与各种植物花果组合在一起。唐代在中国历史上是特别包容的大国时代，唐代卷草纹似乎也可以包罗万象，这是与时代特征完全相符的。

吕变庭在《论东女国的经济生活》中写道，文成公主给东女国带去了汉族的卷草纹、宝相花、凤穿花、如意云纹、缠枝花式等[③]。这是唐代缠枝纹向川、滇、藏地区的传播。

（五）宋代缠枝纹

宋代，缠枝纹的表现形式丰富多样。"此种纹样流行甚久，汉代的铜镜边饰即已初见，又称为卷云纹，实即卷草纹；魏晋南北朝时期在石刻、铜器、染织上所见甚多，通称忍冬纹；唐代是卷草纹最为流行的时代，花叶卷曲活泼，构图优美，大智禅师碑侧卷草纹是其代表；宋代则大量应用在建筑装饰上，有海石榴华、宝牙华、太平华、宝相华、牡丹华、莲荷华等，均作波状卷曲形。"[④] 吕变庭认为宋代忍冬纹寓意着生命的生生不息。[⑤] 吴山先生认为"缠枝纹，古称万寿藤"（南宋称"万寿藤，以后称缠枝"），亦称唐草和藤蔓纹[⑥]。忍冬纹并未在宋代消失，而是以更加流畅生动的线条，强有力的节奏感出现在不同的工艺载体上。尤其在宋代建筑装饰上，缠枝纹与宝相花相结合，装饰母题多样，装饰形态变化多端，寓意了美好的发展愿景。

（六）明代缠枝花

明代，称缠枝纹为缠枝花。田自秉、吕变庭称明代缠枝纹为缠枝花。田自秉认为：

---

① 樊文江.美术辞林·工艺美术卷[M].西安：陕西人民美术出版社，1989：41.
② 楼广西.中国传统建筑装饰[M].北京：中国建筑工业出版社，1999：244.
③ 吕变庭，王阔.论东女国的经济生活[J].青海民族研究，2010，21（02）：98-105.
④ 田自秉，吴淑生，田青.中国纹样史[M].北京：高等教育出版社，2003：389.
⑤ 吕变庭.营造法式——五彩遍装祥瑞意象研究[M].北京：中国社会科学出版社，2011：119.
⑥ 吴山.中国纹样全集（魏晋南北朝·隋唐·五代卷）[M].济南：山东美术出版社，2010：6.

"其实，此种卷草格式……到明代称之为缠枝花……"[1]虽然缠枝花的名称各不相同，但是波浪形的枝蔓骨架是相同的，有的装饰叶片，有的装饰花朵，装饰花朵的可以称之为缠枝花。[2]田自秉将明代部分传承唐代的缠枝纹样称为卷草纹，认为此时的花形具有程式化特征，且发展到后期花冠变大，叶片变小。[3]明代的缠枝纹已经发展到了普遍性装饰的局面，工艺美术产品全面"开花"，每一类工艺美术产品有程式性的规定或者不成文的约定，从某种意义上来说，具有了一定的约束性。因此，缠枝纹此时具有了程式化的特征。

（七）清代万寿藤

清代，缠枝纹不断演化，形成了"万寿藤"。万寿藤有"万寿无疆"之意，这本就是我国传统思想中对生命的祝福。从万寿藤名称来看，我国南宋时候已经有"万寿藤"的说法，但是南宋万寿藤是指佛教的一种纹样[4]。到了清代，因缠枝纹的不断变化，其形态绵延不断而有此称谓。田自秉认为"万寿藤"连绵不断，带有长长久久，美好的吉祥寓意。[5]万寿藤是延续明代的"卷草纹"，例如缠枝牡丹、缠枝莲花、缠枝菊纹等均可以与延年益寿之物相结合。从构成角度出发，万寿藤具有程式化的特征。[6]其"生生不息"之意，体现了清代的繁缛复杂但又精致绝妙的装饰。清代工艺美术技术的提升，例如瓷器、珐琅的先进制造技艺为万寿藤的装饰艺术呈现打下了物质基础。

（八）明清串枝花

串枝花的名字非常形象，有用枝条"串"了花朵的意思。田自秉认为：串枝花主要强调用"一根藤"将所有的花卉串在一起。赵丰、包铭新认为串枝花的图案表现是用一根枝藤将所有的花卉串在一起，故称串枝花。串枝花与缠枝花不同之处在"串"和"缠"。缠枝花不仅一根枝藤上串上一串花，而且其花朵周围有枝藤盘绕，从造型的角度来说，花朵的变形更夸张一些。[7]

（九）近代香草

近代，田自秉称缠枝纹为"香草"。"其实，此种卷草格式……到近代又称之为香

---

① 田自秉,吴淑生,田青.中国纹样史[M].北京:高等教育出版社,2003:193.
② 田自秉,吴淑生,田青.中国纹样史[M].北京:高等教育出版社,2003:230.
③ 田自秉,吴淑生,田青.中国纹样史[M].北京:高等教育出版社,2003:390.
④ 中华书局编辑部.宋元方志丛刊[M].北京:中华书局,1990:7048.
⑤ 田自秉,吴淑生,田青.中国纹样史[M].北京:高等教育出版社,2003:390.
⑥ 同上。
⑦ 赵丰,包铭新.中国织绣鉴赏与收藏[M].上海:上海书店出版社1997:55.

草。"忍冬纹发展到唐代，演变为繁复的卷草纹，到了近代称呼这些纹样为香草①。从词义的本源来说，"香草"一词常用于文学。在这里用于一种装饰纹样的名称，应该有从文学引申和比喻的意义。

在不同的历史阶段，由于缠枝纹装饰内容的变化，其名称也有所变化，在田自秉先生的论述中，这一点尤为明显。我们可以这样理解，这些植物纹样是随着时代的发展而传承变化发展的，它们之间是一以贯之的关系，虽然缠枝纹在各个时代的名称不同，但其内容实则是一脉相传的。

根据上述专家学者的看法及见解，来分析缠枝纹的命名，始终有"缠""绕""串"的含义，即使从表面字符看"香草""唐草"等词并未直接体现"缠绕"的含义，但是专家学者们在解释这一含义的时候，始终包含着"缠绕"的意思，因此，"缠枝纹"这个名称可以涵盖所有同类纹样的共性的特征，用统一的"缠枝纹"是有文献支撑和实物验证的，在文中后续内容"缠枝纹"整体范围中，涵盖了上述所有直接相关联的纹样。

中国缠枝纹在历史发展的进程中不断地发展变化，其名称也不断地演绎变化，而这些名称及其所代表的形态是具有传承性的，是在中国不同历史文化的熏陶下发展演变而成的。中国缠枝纹生于中国，长于中国，包罗了植物纹样的种种缠绕形态，传承了中国的传统装饰纹样之精髓，是中国优秀传统文化的典型代表。

二、西方起源说

奥地利艺术史学家阿洛伊斯·里格尔认为，世界上的"卷草纹"起源于埃及，此种观点主要代表人物还有 W. G. 古德伊尔、贡布里希、杉浦康平等。西方学者大都认同卷草纹起源于古埃及，认为埃及早期花卉植物纹样的表现形式和艺术风格影响了其他地区的植物装饰艺术，尤其是缠绕纹样。

日本学者杉浦康平明确赞同此类观点。在埃及早期的莲花纹和椰枣纹形态中，融入了当地其他的植物花卉纹样，这些组合之后的纹样，深受人们的喜爱。这些纹样象征着丰穰的力量，成为一种特殊的表达方式，从地中海出发传播到世界各地。②

按照阿洛伊斯·里格尔的研究，卷草纹最初来自古埃及。在古埃及，莲花、纸莎草常常作为墙壁装饰的蔓草原型来进行装饰，继而在克里特逐渐发展成连续的波浪形纹样。在美索不达米亚平原以棕榈叶为母题、在希腊以莨苕叶为母题进行装饰，各种纹样母题进行融合发展形成卷草纹的原型。朱利峰先生在《卷草纹源流考》中概述了

---

① 田自秉,吴淑生,田青.中国纹样史[M].北京:高等教育出版社,2003:193.
② （日）杉浦康平.造型的诞生——图像宇宙论[M].杨晶,李建华,译.北京:中国人民大学出版社, 2013:54-55.

这一说法："阿洛伊斯·里格尔的思考，认为古埃及是西方卷草纹的发源地，早期的莲花和纸莎草是纹样原型。后来经过美索不达米亚的棕榈卷须饰、希腊莨苕叶饰旋涡纹、阿拉伯藤蔓纹等不断发展，这是西方卷草纹发展过程。"①

W. G. 古德伊尔提出了植物纹样起源的"埃及论"，尤其对莲花纹有诸多论述。阿洛伊斯·里格尔在植物纹样起源问题上，支持"埃及论"的观点，但是在植物装饰的来源问题上，各有不同的看法。W. G. 古德伊尔主要论述了古代植物的装饰来源于太阳崇拜，当然，他的这一观点也意味着所有的植物纹样的起源都和太阳崇拜相关。里格尔描述了 W. G. 古德伊尔的这一观点："W. G. 古德伊尔在《莲花的文理》(*The Grammar of Lotus*) 一书中首先提出，所有古代的植物装饰，还有大量的其他装饰，都是古代埃及莲花 Lotus 装饰的延续。在他看来，使这种装饰四处传播的驱动力是太阳崇拜 (the sun cult)。"②这一观点，因与"万物生长靠太阳"之类的崇拜精神有很大关联。在这一点上，阿洛伊斯·里格尔是持反对意见的，反对 W. G. 古德伊尔的"太阳崇拜"论的原因在于 W. G. 古德伊尔无法全面地说明植物装饰的起源。阿洛伊斯·里格尔认为："当然，就发展的动因而言，太阳崇拜对装饰有压倒性影响这一观点无疑是错误的。"他认为太阳崇拜不是唯一影响植物装饰的原因，甚至怀疑太阳崇拜是否起到主要作用，尤其是"更不用说在埃及之外，既没有证据，又没有可能说它起过作用。"③

阿洛伊斯·里格尔在《风格问题》中不仅论证了"埃及论"，还在著作中对植物纹样进行了细节的分析，尤其还专门阐述了波状和曲线骨骼的问题，植物图案中最后一个非常重要的部分是梗，因为正是它实际上把花、蕾、叶连在一起。在古埃及艺术中，许多装饰是以线性的几何形状为表现形态的，很少有针对自然的直接描述。"因而，从一开始，它就有了波状的和曲线的不同形状，从而为所有曲线的、纯几何的形状提供了基础。"④几何形绘画的基础给植物装饰纹样的发展提供了基础，后来的植物纹样利用波状曲线连接了花冠、花蕾、枝叶等。

杉浦康平在《造型的诞生——图像宇宙论》中多处谈到"蔓草纹起源于遥远的古埃及"，同时也认为莲花纹是古埃及蔓草纹的起源⑤。莲花纹通过埃及或地中海文化圈

① 朱利峰.卷草纹源流考[J].山东工艺美术学院学报,2010(04):65-67.
② (奥)阿洛伊斯·里格尔.风格问题:装饰历史的基础[M].邵宏,译.杭州:中国美术学院出版社 2020:5.
③ (奥)阿洛伊斯·里格尔.风格问题:装饰历史的基础[M].邵宏,译.杭州:中国美术学院出版社 2020:6.
④ (奥)阿洛伊斯·里格尔.风格问题:装饰历史的基础[M].邵宏,译.杭州:中国美术学院出版社: 2020:29.
⑤ (日)杉浦康平.造型的诞生——图像宇宙论[M].杨晶,李建华,译.北京:中国人民大学出版社, 2013:54。

传播到西亚，在西亚不断地得到增殖发展。其增殖的内容为"椰枣为原型的花纹"。这种花纹在古希腊地区进行不断演化，出现了"小棕榈"花纹。而后传入世界各地，最后产生了各式"蔓草纹"①。

雷圭元认为：忍冬花（金银花）是希腊的特产，作为装饰的主题常常与掌状叶相互配合组成装饰花卉。②这里的忍冬花特指"某种外来风格"的"忍冬纹"。

李妍恩认为"具有某种外来装饰风格"的中国卷草纹和莲花纹是国外传入的。从波斯、希腊流传至欧亚各国，在各地区不断变形，成为全世界普遍装饰的一种缠绕纹样。③她举例说明了粽叶纹、葡萄纹源于东亚或者与佛教无关的其他地区。

胡平认为中国缠枝纹是随着佛教传入中国才开始发展的，认为中国缠枝纹的发展缘由是外来纹样的影响，其起源的模仿典范为缠枝忍冬纹。缠枝忍冬纹装饰母题是我国早期的大规模的装饰形态。在晋代之前，我国的传统装饰纹样以动物为主，植物系列的装饰纹样并不发达，以缠枝结构为骨式的植物纹就更少。在这里，胡平非常明确地认为中国植物装饰纹样或者说是植物缠枝纹的发展转折点是在魏晋南北朝。"中国装饰纹样最初接触外来缠枝植物纹，是随佛教传入中国才始其端倪的。自然便以频繁出现的缠枝忍冬纹为其模仿的典范。"④当时佛教文化传入中国，并逐步扩大发展，在缠枝纹的发展过程中起到重要作用，认为忍冬纹是最早的缠枝纹。胡平认为："中国缠枝纹在模仿的基础上，善于引入中国纹样的传统基质而再造出一种新质的混合型纹样。"⑤缠枝忍冬纹在中国进行了一系列演化，形成了独特的装饰纹样。

吕变庭在《营造法式——五彩遍装祥瑞意象研究》中谈道："忍冬纹源自古埃及"，具有两种形态，一种纤细柔美，枝叶交缠；另一种则枝叶舒卷如海浪，汹涌奔腾，气势磅礴。学界认为，忍冬纹发源自古埃及，经地中海向东西方广泛传播，传播路径可以分析为西亚、印度、中国⑥。

通过上述的资料，我们可以得知，在西方学界基本上认可缠枝纹是先产生于古埃及，然后通过一定的途径传播到了西亚，再传入中国的。中国学者基本按照阿洛伊斯·里格尔的理论来分析和判断诸如此类的纹样，认为在东汉末年佛教传入我国开始，到魏晋南北朝时期，此类纹样随着佛教装饰艺术进入人们的生活，遍及各种装饰载体，

---

① （日）杉浦康平.造型的诞生——图像宇宙论［M］.杨晶，李建华，译.北京：中国人民大学出版社，2013：55.
② 雷圭元.中外图案装饰风格［M］.上海：上海人民美术出版社，1985：117.
③ （韩）李妍恩.北朝装饰纹样［M］.北京：故宫出版社，2014：189.
④ 胡平，张道一.工艺文化的交流——缠枝纹典型例［提要］［J］.南京艺术学院学报（美术与设计版），1987（04）：20-23.
⑤ 同上
⑥ 吕变庭.营造法式——五彩遍装祥瑞意象研究［M］.北京：中国社会科学出版社，2011：119.

并一直在中国不断地发展和演变。

三、中西融合影响

"本土起源说"主要论述的是中国本土缠枝纹的起源，"西方起源说"讨论的是埃及早期的植物装饰纹样向世界传播的问题，从某种意义上来说，这两者并不矛盾。从原始时代开始，不同的国家、地区均有各自的文明起源，有不同的装饰纹样和装饰风格。随着人类历史的发展，社会生产力的进步，不同地域的人们有了交集，这也意味着文化的交融。文化交融的表现反映在事物上会出现一系列的变化，有些是内在，有些是表征。从历史资料来看，无论倾向哪一种说法，中国本土起源、西方起源，还是中西融合影响，国内外专家学者说得都有一定的道理，关键问题是从哪个角度看缠枝纹的哪个部分。缠枝纹的起源探讨有不同的说法，专家学者们所采取的角度或者主体内容不同，有的专家以植物花卉、枝叶为研究依据，有的以主茎、副茎的缠绕方式为研究依据，有的以寓意、含义为依据，有的以缠枝纹影响因素为依据……。

诸葛铠在谈论佛教艺术对花卉装饰影响时说道：印度佛教极为重视花卉装饰，在装饰主题和形态中吸收了希腊和中亚的植物装饰因素，后传至中国，影响了中国佛教艺术中植物花卉的装饰风格，由此影响了中国神兽动物装饰向植物花卉装饰的演变[1]。"中国的花卉纹样就这样在佛教艺术影响下进入了新的境界。"在原文中，有"影响"这个词，非常关键，由此而确定承认希腊、中亚的装饰对植物装饰的作用。中国的装饰纹样以动物为主，逐渐向植物装饰纹样转变，这是一种装饰风格的趋势改变。诸葛铠表述忍冬纹时写道："与莲花纹同时在南北朝广为流传的花卉纹样还有源于希腊的'忍冬纹'。"认为源自希腊的忍冬纹"历经'犍陀罗艺术'时期与佛教艺术的融合"，传到中国的时候原型已经发生了巨大的变化，看似与佛教并无特殊关联的象征意义，但依然被看作是来自佛教的圣洁之物而倍加关爱，因此得到极为广泛的传播。[2]

朱利峰先生认为，中国卷草纹具有独特的形式美感，彩陶、窃曲纹、环带纹、几何纹等，形成了特有的丰富而灵活的构成方式。外来文明通过文化传播、贸易往来等对中国卷草纹装饰的发展起到了引导的作用[3]。

倪建林先生认为，对比中国的植物卷草纹与西方的植物纹，可以感觉不同的审美情趣与审美规律。忍冬纹"由引进到改造，进而被消融在中华文化的整体之中，"[4]这体现了中华文化的包容性和吸收性。

---

① 诸葛铠.佛教艺术对中国花卉装饰的影响[J].民族艺术 2004(02):51-58.
② 同上.
③ 朱利峰.卷草纹源流考[J].设计艺术(山东工艺美术学院学报),2010(04):65-67.
④ 倪建林.从忍冬到卷草纹[J].装饰,2004(12):61.

因此，中国缠枝纹在发展的道路上，受到国外装饰文化尤其是花卉植物装饰的影响，这一点，是毋庸置疑的。但是，现在我们探讨的是中国缠枝纹的产生根源问题。中国缠枝纹是中国起源，根在中国，在这一点上，本书观点与田自秉、吴山保持高度一致。田自秉认为，汉代的类似卷云纹或者动物纹后来慢慢演变成了卷草纹。[①]吴山认为，古代汉朝时期的蔓草纹为缠枝纹的萌芽。[②]缠枝纹只是在发展历程中受到世界上不同的植物装饰风格的影响，而西方装饰风格的涌入对我国诸多文化艺术领域都有一定的影响，也绝不仅仅局限于植物。那么，中国缠枝纹是在中国本土起源，在发展过程中，受到世界诸多文化影响，同时，自身也向世界输出，影响世界装饰艺术史的发展历程。

在缠枝纹的历史发展中，可以总结，缠枝纹起源萌芽在华夏大地，发展在中国的土地上，虽然在历史不同时期受到外来风格的影响，受到重视花卉装饰的印度佛教、犍陀罗艺术、希腊和中亚的植物花卉装饰题材和形式的影响，但是究其本质，中国缠枝纹装饰艺术的根源在中国[③]。看原始社会时期，早期人类已经学会了绘制曲线并进行了"自我欢喜"的装饰，利用曲线进行动物、植物、自然现象的描绘。在夏商周时期，青铜器装饰上更是完美地运用曲线，而莲花造型在周代晚期已经被采用。春秋战国时期，瓦当、铜镜上夹杂着曲线装饰的花卉植物装饰纹样也不少见。秦汉时期，道仙文化发展，云气纹依然成为那个时候羽化成仙的代表纹样，而植物纹样与动物纹样完美地结合在丝绸织物上。尤其是汉代末期的蔓草龙纹，其实已经是中国缠枝纹的雏形了。在汉代丝织物上，龙纹、凤纹、云纹与植物纹样的组合更是丰富了缠枝纹的表现形式。魏晋南北朝时期，海量的忍冬纹装饰铺天盖地席卷而来。唐朝，以一个世界超强大国的风范接纳着海内外的各种文化，并且通过丝绸之路向世界各地输出独特的中国文化，唐草已然成为那个时期的文化代表。宋代，内敛精致，缠枝纹以一种含蓄低调的方式在各种器物上生根发芽。元代，蒙古统治者们不仅接受了缠枝纹，更是将缠枝纹融合了西亚地区的装饰母题，波斯文化带有的装饰风格极大地影响了此时的装饰，并将此作为繁复满密的民族象征。明清时期，缠枝纹已经成为普遍的装饰题材，代表着连绵不断的吉祥文化。这一切，都说明了缠枝纹的茎、枝、叶、花，是中国绵延不绝的文化代表，代表着中国装饰纹样艺术的精妙之处。

在中国缠枝纹的起源问题上，我们必须坚定地认为，中国原始艺术自带着这样的装饰基因。至于中国人为何能够接受外来缠枝纹样形式的融合，最主要的原因是"形

①　田自秉,吴淑生,田青.中国纹样史[M].北京:高等教育出版社,2003:389.
②　吴山.中国纹样全集(魏晋南北朝·隋唐·五代卷)[M].济南:山东美术出版社,2010:6.
③　万剑.中国古代缠枝纹装饰艺术史[M].武汉:武汉大学出版社,2019:15.

式心理同构"，格式塔心理学理论对此有所论述，这是缠枝纹能够根植于中国大地上并持续不断发展的根本原因。西方大量的"类缠枝纹"传入中国，正好碰到汉末晋初中国植物装饰体系发展不健全时期，这是一个需求的问题。佛教文化作为一种媒介，不断地传播着这种装饰形式。在中国大地上持续发展的缠枝纹有着强大的吸收和改造外来文化的功能，并非被动接受外来纹样，而是中国自己的缠枝纹形成了规模巨大的"纹山纹海"，成为至今最为经典的装饰纹样之一。

第二节　中国缠枝纹的起源与发展

人类早期，茹毛饮血，原始先民处在人类婴幼儿阶段就已经开始了装饰活动。从偶然的洞窟岩石涂抹中，人类发现可以利用各种随处可见的工具，例如树枝、石块进行随意的线条涂抹，懵懂地开始了早期装饰实践活动。从无意识的随意涂抹到有意识的器物装饰，装饰审美意识从萌芽到逐渐强大。人类先天自有的审美基因开始发挥强大的作用，人造的美的形式感开始出现并逐渐丰富。

从早期的磁山文化陶器曲线纹样开始，甚至更早，在中国大地上具有形式感的、规律的曲线装饰纹样就已经开始运用。不管这些曲线纹样出自什么样的目的，无论是有意识还是无意识，抑或是某种记号、图腾，但可以确定的是，在那个时刻，原始人类已经开始在陶器上运用二方连续重复形式的纹样进行泥与火的探索。仰韶文化庙底沟类型中的鸟纹、水纹、几何纹等已经是具体形态的重复纹样，装饰意味浓厚。马家窑文化令人眼花缭乱的涡纹，具有循环往复的运动感，代表着一种生生不息的生命力，其所绘的纹样与现代装饰艺术仿佛并未有多大的差距。虽然，遗存的植物花卉装饰纹样远不如动物装饰纹样丰富，但是特征明显，形式多样，例如在仰韶文化中的各种花瓣就是最好的证明，尤其在庙底沟类型陶器上的各式植物花卉装饰纹样，已经形成了一定的骨骼规律和数量规模。原始先民们对曲线和植物装饰形态的探索，为后来中国纹样的多样化发展奠定了基础。

夏商周时期的装饰纹样，恐怖凶猛、威严肃穆，具有浓郁的宗教性质和神话色彩。这个时期的动物装饰纹样是主角，有夔龙纹、凤鸟纹、饕餮纹、兽面纹等；几何纹样也非常丰富，主要有方格纹、雷纹、乳钉纹、旋涡纹等；自然现象纹样也有较多表现形式，有意味着能与上天沟通的云纹、水纹、风纹等；总体来说，线条流畅，形态丰富。夏商周时期，人们依然热爱曲线，甚至取得了更大的进步。虽然，留存至今的植物装饰纹样并不多见，但莲花装饰、四瓣花纹已经出现，西周晚期青铜器上就有莲花装饰。"梁其壶""颂壶"的壶口是莲花花瓣形状，这是有明确指向的具体植物花卉纹样，体现了模仿自然、改造自然的装饰意识的巨大进步。

春秋战国时期，百家争鸣，民族交融。此时的装饰纹样日益丰富，出现了一些新的装饰母题，反映社会生活的宴饮、狩猎、舞乐、攻战等题材开始出现并得到了极大的发展。植物装饰纹样有树纹、花纹、草纹，最重要的是植物花草藤蔓纹与动物纹样进行了巧妙的嫁接、融合，两者相互缠绕，体现了浓浓的浪漫主义的色彩。新的装饰母题藤蔓纹被创造性地处理在婉转回旋的旋涡状态之中，带着新时代的气息开始登上了历史的舞台。我国最早期的缠枝纹形态在这种形式中萌芽了，已然成为春秋战国装饰纹样的重要风格代表。

秦汉时期，神仙道教信仰盛行，云纹装饰似乎随时随地可以出现在任何地方。此时的植物装饰纹样依附于云气纹、动物纹融合发展，看起来既有云的形态又像兽的动态，在建筑、织物、铜镜等领域广泛流行，成为植物缠枝纹大发展的奠基石。值得一提的是，秦汉丝织物上的植物装饰纹样茱萸纹已经正式地登上了装饰历史的重要舞台，成为早期名称确定的缠绕型植物装饰纹样，这具有非常重要的历史意义。茱萸纹的出现绝不仅仅意味着一种动植物衔接纹样的出现，更重要的是其缠绕的姿态已经将远古时期的曲线纹样和动植物纹样进行了完美的结合，无论是形似或者神似，均具有中国本土共同的源流。秦汉织物上的人物、动物、植物等的组合体，是中国装饰纹样的传承，是中国文化精神和文化象征的延续。

魏晋南北朝，是植物忍冬纹样发展的重要时期，中国缠枝纹第一次以完整的面貌登上了历史的舞台。此时政权更迭频繁、文化交融、思想变迁、佛教传播，中外经济文化的交流，对这一时期植物装饰纹样的风格形成产生了巨大的影响，不同母题的装饰纹样在这种大环境中混合杂糅发展。中国曲线装饰纹样与外来的忍冬纹、莨苕叶纹、棕榈叶纹等的交融与组合发展，促使中国纹样的装饰母题发生了历史性的转变。这里特别需要指出的是，外来佛教艺术影响了中国古代植物装饰纹样的发展进程，使得中国植物装饰纹样传播更加广泛。

隋唐，以开放的胸怀接受了多样的外来文化，中国唐卷草逐渐成熟、兴盛，以浪漫强势的风格占据了装饰世界的大部分空间，甚至通过陆上、海上丝绸之路影响着世界的装饰艺术，这是中国缠枝纹的花草时代。魏晋南北朝大量流行的忍冬纹在唐代洞窟壁画中依然存在，一部分转化成了唐草的模样，一部分依然作为忍冬纹边饰进行装饰。唐代卷草纹装饰母题丰富，缠枝牡丹纹、缠枝荷莲纹、缠枝蔓草纹、缠枝海棠、缠枝灵芝等精彩纷呈，且有许多新的花的母题出现，花大叶大，茎叶婉转。唐卷草波状茎线韵律流畅，构成形式规律，纹样骨骼明确，造型丰满动人，装饰韵味十足，视觉感强烈，生命力旺盛，这体现了当时世界装饰艺术与技术的顶峰。

宋代，中国缠枝纹展示了百花齐放的繁华与硕果累累的丰富。缠枝纹装饰从唐代的华丽之风转向了优雅之风，严谨含蓄、精致内敛、清新秀美、意境深远成为艺术追求的韵味。宋代，以皇室带头的以简为美的风格，注重整体造型，装饰纹样和装饰色彩服从于造型的需要。以陶瓷工艺为例，注重形制，装饰技法采用刻、划、印的手法较多，表现了含蓄隐约的瓷器艺术美。宋代缠枝纹在建筑装饰上得到了较大的发展，尤其是与宝相花的融合，成为装饰的一种主要纹饰。

元代，游牧文化、西域文化与传统文化深入交融。元蒙贵族的异域文化和不同习俗取代了宋代极美的恬静自然的文人风格，元代缠枝纹整体装饰风格呈现出繁复满密的状态。元青花装饰色彩崇蓝尚白，题材丰富多样。从元青花母题装饰题材来说，缠枝牡丹、缠枝莲花、缠枝菊花是最主要的装饰题材。池塘小景、游鱼虫草、庭院风情、历史人物等表现丰富，画风豪迈，形成了元代独有的装饰风格。元代缠枝纹装饰风格融合了多民族的文化，是民族文化融合的重要例证。

明代，吉祥文化高度发展，工艺美术发达，装饰艺术繁荣。明时海外航运发达，中外文化交流频繁，瓷器贸易通过海上丝绸之路运往世界各地，极为繁盛。明永乐、宣德时期，郑和七下西洋（指西太平洋和印度洋一带），促进了明朝与西太平洋及印度洋沿岸各国及民族间的经济文化交流，使得伊斯兰风格的植物装饰纹样在中国工艺美术品上表现突出。中国缠枝纹母题丰富，造型多样，传承创新了中国传统纹样的外延与内涵，表达了"图必有意，意必吉祥"的世俗心境，表现了明代百姓热爱生活、追求幸福的愿景，是中国世俗文化和吉祥文化的典型代表。

清代，工艺美术繁缛纤巧、仿古仿真。清代与明代相比，更加极致地追求吉祥文化以及美好寓意。牡丹花冠丰满，色彩艳丽，用来象征雍容华贵；石榴、莲蓬多子，象征子孙满堂；葫芦、葡萄藤蔓缠绕，象征福寿绵延；灵芝形似如意，以喻强身健体，象征如意长寿……这些装饰的吉祥观念，得到了进一步的加强。清代缠枝纹受外来巴洛克、洛可可的装饰风格影响，吸收后呈现出繁缛、富丽、风情万种的纹样形态。

中国缠枝纹的审美艺术，是我国古代不同历史时期的典型艺术代表，是中华民族不同阶段的政治、经济、生活的一种文化审美折射。中国古代缠枝纹反映了中华五千年文明中，各个历史发展时期社会群体的经济生活和政治生活方式，体现了各个特定的历史进程及文化发展。中国缠枝纹的演变过程，广泛而密切地与社会发展多个领域融合，其形态与蕴含的中华文化精神紧密结合，是中国辉煌而悠久的文化表现形式之一，显示了中华文化的强大包容性，是人类智慧的集中。中国缠枝纹在历史发展过程中，一脉相传，开枝散叶，包罗万象，堪称"中国植物装饰艺术的史诗"。

第二章　中国瓷器缠枝纹装饰艺术

中国是瓷器的故乡。东汉，中国最早的青瓷烧造于浙江越窑，越窑青瓷称为中国母瓷。唐、五代时期，中国瓷器"南青北白"，无论是烧制技术还是瓷器装饰都逐渐成熟，越窑秘色瓷是当时瓷器烧造技术与审美艺术的最高峰。两宋是瓷业的大发展时期，官、哥、汝、钧、定乃千古名窑，流芳百世。元代是缠枝纹装饰艺术民族融合大发展时期。青花和釉里红是最重要的瓷器产品，其形制和装饰巧妙融合了蒙古少数民族装饰艺术、伊斯兰装饰艺术。明代，在继承宋瓷技艺的基础上，宣德、成化窑产品特色明显。清代，瓷器工艺吸取前朝众长，风格古雅浑朴，精巧华丽，尤以康熙、雍正、乾隆时期最为出色。从第一件瓷器诞生，瓷器装饰艺术就已经开始了，在随后千百年的朝代更迭中不断发展，衍生出了丰富多彩、精美绝伦的装饰纹样。这些具有庄重、典雅、幽雅、明快的东方艺术风格的装饰纹样，尤其以缠枝纹为典型代表的中国纹样，是中华文明中的重要组成部分。

第一节　中国瓷器缠枝纹的起源与发展

陶与瓷同宗同源，瓷器缠枝纹装饰的起源可以从远古的新石器时期进行追溯。那时还没有文字，或许是用图的意思来表达一种观念和精神，新石器时期的陶器装饰纹样非常丰富。彩陶纹样中的"波状曲线""涡旋形""S形"的大量出现，是缠枝纹的初露端倪。至商周青铜时代，在青铜器表面的装饰纹样如云雷纹、勾连雷纹、涡纹等是曲线纹样的进一步发展。春秋战国时期，楚人的浪漫主义在植物花草装饰纹样中得到了完全的发挥，那舒卷自如的藤蔓、花叶、卷草，那昂扬向上、形态优美的凤鸟，显示出勃发的生命力。中国缠枝纹在漫长的历史发展过程中，逐渐形成自己独有的装饰艺术形态。到了秦汉时期，缠枝纹的雏形已经形成，汉代的画像石、画像砖、丝织物上已经有各种母题的装饰纹样，从组织形式来说，已经有单独纹样、适合纹样的植物缠绕装饰。吴山先生认为真正意义的中国缠枝纹约起源于汉代①，大多学者（见第一章）认为中国本土的缠枝纹是传统云气纹结合外来纹样的发展。以汉代的画像砖为例，植物花卉装饰纹样生动，其构成骨骼形式已有散点式、斜线式、交叉式，主茎"S"形的植物缠绕纹样逐渐丰富多样。东汉，越窑青瓷在浙江烧造成功，瓷器的装饰亦随之开始，此时主要采用刻、划、印进行植物缠绕纹样装饰。

图 2-1　北朝铅黄釉绿彩莲瓣纹罐
（北京故宫博物院）

魏晋时期，江浙一带特殊的好山好水好土造就了青瓷生产的繁荣。青瓷上开始出现忍冬纹，从某种意义上来说，这个是瓷器缠枝纹的萌芽。到了南北朝时期，缠枝纹的装饰在洞窟壁画上得到了非常大的发展，进而影响其他工艺美术门类的装饰，瓷器上更是开始频繁出现刻划忍冬纹。北京故宫博物院收藏的《北朝铅黄釉绿彩莲瓣纹罐》（图 2-1）颇具特色，肩部腹部采用雕、刻的手法进行了缠枝忍冬纹装饰，主茎呈"S"形，须、叶卷曲，以二方连续的形式围绕肩部一周。

隋朝，瓷器生产承前启后，南方青瓷有了更大的发展，虽然生产中心仍在南方，但有了逐渐向北方转移的趋势。隋代瓷器采用模印方式进行装饰比较常见，这是一种用瓷质印模在未干的胎体上压印纹饰的装饰技法。除了模印，划花、刻花的技法也较多，丰富了植物缠枝装饰纹样的表现技法。

图 2-2　唐瓷器缠枝花鸟纹②

唐朝，青瓷、白瓷、黑釉瓷、铅釉瓷继续发展，尤其是南方越窑和北方邢窑，形成了陶瓷格局的南青北白。魏晋南北朝大量流行的忍冬纹被唐卷草逐渐代替，从装饰的角度来说，唐卷草作为瓷器的主纹，忍冬纹起到辅助纹饰的作用。唐卷草逐渐成熟、兴盛、丰富，枝叶花卉和果实类题材增多。越窑青瓷中的粉盒、盖盒、瓷壶、瓷瓶中装饰有大量的缠枝花鸟纹（图 2-2 至图 2-5）、缠枝花卉纹，纹样精致华美，寓意吉祥。

① 丁涛,吴山,陆晔.中国工艺美术大辞典[M].南京:江苏美术出版社,1989:1103.
② 吴山.中国纹样全集(魏晋南北朝·隋唐·五代卷)[M].济南:山东美术出版社,2010:225.

图2-3　唐瓷器缠枝花凤纹①

图2-4　唐越瓷上的缠枝鹤纹②

图2-5　唐凤首龙柄瓷壶
（北京故宫博物院）

宋代，五大名窑官、哥、汝、钧、定，名满天下，价值连城。五大名窑瓷器的形制、色彩乃中国瓷器发展史上的高峰。宋代的陶瓷缠枝纹装饰，亦是与前代装饰技法相同（图2-6），采用刻、划、印手法较多，在定窑、龙泉窑、耀州窑、景德镇窑、磁州窑（图2-7）等生产的瓷器上有非常杰出的表现。例如北宋定窑中，采用印花技法的白釉瓷器中装饰着大量的缠枝海石榴纹（图2-8）、缠枝牡丹纹（图2-9）、缠枝莲花纹、缠枝菊花纹等。在宋代磁州窑中，无论是黑地白花还是白地黑花，均有大量的各种母题的缠枝纹装饰。

图2-6　宋耀州窑青釉刻缠枝牡丹纹梅瓶
（北京故宫博物院）

图2-7　宋磁州窑白地黑花花果纹枕
（北京故宫博物院）

① 吴山.中国纹样全集（魏晋南北朝·隋唐·五代卷）[M].济南：山东美术出版社,2010:218.
② 吴山.中国纹样全集（魏晋南北朝·隋唐·五代卷）[M].济南：山东美术出版社,2010:30.

图2-8 北宋定窑白釉印花缠枝海
石榴纹笠式碗（北京故宫博物院）

图2-9 北宋定窑白釉印花缠枝牡丹
莲花纹盘（北京故宫博物院）

元代，游牧文化、西域文化与传统文化深入交融。元代景德镇崛起，北方钧窑、耀州窑、磁州窑、定窑等，南方吉州窑、龙泉窑、建阳窑等均有各自特色。元代瓷器是缠枝纹装饰与发展的重要载体，缠枝纹与域外文化融合，与元朝多民族共存的历史休戚相关，形成了独特的缠枝纹装饰（图2-10）。元青花瓷缠枝纹装饰，带有伊斯兰异域风情，题材丰富多样，构图层叠饱满，色彩崇蓝尚白。除元青花外，龙泉窑采用雕、刻、镂等技法装饰的缠枝纹更是别有一番风味（图2-11、2-12）。

图2-10 元景德镇窑青花
飞凤麒麟纹盘（北京故宫博
物院）

图 2-11 元龙泉窑青釉
刻花尊（北京故宫博物院）

图2-12 元龙泉窑青釉凸雕
缠枝莲纹三足筒式炉（北京故
宫博物院）

明代，青花瓷的烧制技术愈发成熟，除青花外，釉上彩、釉下彩、斗彩、单色釉表现也非常突出，尤其在色彩装饰上取得了突破性的进展，为清朝的五彩、粉彩奠定了坚实的基础。此时的缠枝纹寓意着福气绵延、吉祥如意，在民间广为流行。明代缠枝纹除了采用唐宋刻、划、印技法外，更多地传承元青花的良好技术并运用多种色彩进行装饰，纹样的精细程度进一步提高。随着对外交流的扩大，融合伊斯兰风格而创新的扁壶、扁瓶、花浇等器物造型丰富，缠枝纹装饰融合了新的艺术风格，以柔软的枝条、窈窕多姿的姿态广泛地出现在各种类型的瓷器上（图2-13至2-15）。

图 2-13　明青花缠枝莲纹绶带耳瓶（北京故宫博物院）

图 2-14　明永乐青花缠枝牡丹纹军持（北京故宫博物院）

图 2-15　明龙泉窑青釉刻划缠枝莲纹梅瓶（北京故宫博物院）

　　清代，瓷器艺术以康熙、雍正、乾隆时期，最为登峰造极。当时的景德镇理所当然是瓷器生产重镇，但其他各地民窑也都有自己的特色，发展兴旺。清代瓷器的烧造技术不断得到改进，青花、釉里红、斗彩等彩瓷不断地进行技术提升，新的瓷器种类珐琅彩、五彩、粉彩等进行了技术革新，烧造出了色彩艳丽、花纹细腻的品种。清代缠枝装饰纹样的象征寓意进一步加强，处处追求"吉祥"寓意。清代巴洛克、洛可可的装饰风格及伊斯兰纹样植物造型大量涌入，被缠枝纹吸收后呈现出繁缛、富丽的纹样形态（图2-16至图2-18）。

图 2-16　清康熙青花缠枝莲纹梅瓶（北京故宫博物院）

图 2-17　清雍正斗彩团菊纹盖罐（北京故宫博物院）

图 2-18　清嘉靖斗彩缠枝花纹蒜头瓶（北京故宫博物院）

概括来说，中国瓷器缠枝纹装饰在瓷器技术的不断提升中，不断得到发展，尤其在宋、元、明、清瓷器装饰中成就斐然。各种形制的瓷器上，例如碗、盘、瓶、杯、壶、炉、洗等处处可见缠枝纹的形态，尤以元明清三朝的缠枝纹表现最为丰富，各种母题的缠枝纹已然成为瓷器的重要装饰语言之一。从皇室到百姓，一旦涉及植物装饰，缠枝纹装饰形态似乎就成为主流。植物缠枝纹柔美的"S"形骨骼源源不断伸展，恣意流动的枝条可以向左右也可以向上下伸展，花、叶、茎的各种"随性"组合，成为瓷器外表装饰的完善表现。这其实也是我们人类一直在追求的广泛的适应性和顽强的生命力。

第二节　中国瓷器缠枝纹装饰艺术特色

人类的装饰随着生产力的发展，不断丰富壮大。中国缠枝纹是来源于自然的一种理想化创造，寄托着人们对于美好生活的向往。对照自然界，我们无法找到与缠枝纹一致的植物花卉，有些花卉为自然界中的直接物态描绘，叶子为多种植物形态的组合，有的花卉为多种花卉的组合甚至与几何纹的组合，这是一种创造性的植物纹样，具有多种植物特征和多种寓意，现实世界中并未存在可以完全一一对应的缠枝纹植物。从瓷器的角度出发，自汉代瓷器烧造以来，瓷器装饰体系不断完善，装饰的题材由模仿自然向创造发展，装饰的色彩由于技术的精进、人们需求的提升从单色向多色发展，装饰形式美法则由统一向变化多端发展，缠枝纹装饰纹样不断更新迭代，这是中国纹样艺术的独特之美的装饰历史。

一、装饰题材——模仿向创造发展

原始社会阶段，人类自己就学会了模仿，模仿动物的行走、模仿植物的形态、模仿自然万物的变化。亚里士多德认为：艺术模仿的对象是真实的现实世界，模仿能力是人的天性和本能。由于动物会跑会动，人们认为那是具有神奇的魔力，在模仿自然的过程中，经常性绘画能够运动的物体。植物相对动物来说，是安静不动的，遗存至今的植物纹样数量自然要少了很多。在植物的描绘模仿过程中，人们一般会采用有秩序的方式进行植物描绘，甚至会采取仿佛是人的一种本能的例如"概括""变形"等方式进行绘画记录。

（一）模仿自然

从人类诞生之日起，人类就开始热爱自然，崇拜自然。日月星辰、山川河流、花草树木、花鸟鱼虫，自然万物均是先民们的崇拜对象。从陶器开始，描绘自然的装饰成为自然的行为，无论是动物纹还是几何纹、自然纹，都是人们眼中自然的反映。东汉时，青瓷上刻划了花草树木、植物花卉、自然现象等，这已经是一种比较成熟的模仿自然的行为，人对自然的情感、信仰和崇拜自然通过这些物体而展现。瓷器上，牡丹、芍药、西番莲、石榴花、菊花等花卉竞相展示，葫芦、葡萄、石榴果、桃子、灵芝等代表着丰收和吉祥的果实在瓷器上寓意着美好的生活理想，承载着对未来的希望。缠枝纹来源于自然是明确的，模仿自然是缠枝纹产生的最初根源。

例如，元青花瓷装饰上有丰富的葡萄纹。根据考古资料，夏商时期，葡萄种植技术经中亚传入新疆，葡萄纹饰就随之作为植物装饰[①]。此后，葡萄纹出现在各类工艺美术品装饰上，例如丝织品、瓷器、漆器、铜器等，成为社会各阶层喜爱的装饰纹饰。从瓷器载体来说，青花瓷是最具有代表性的。元青花出口的中亚、西亚地区就非常喜爱缠绕类枝叶旺盛的植物纹样，葡萄纹饰是其中的一种，留存至今的许多建筑上保留有葡萄纹雕刻。作为元代重要的出口贸易产品，青花瓷大量销往中亚、西亚地区，出现该地区喜爱的葡萄纹是理所当然的。我们来看看现收藏于上海博物馆的《元青花瓜竹葡萄纹大盘》（图2-19）。该盘为折沿盘，菱花式口，盘身采用青白釉，足内无釉，露米黄色胎，底心有旋纹。盘内外装饰有青花，盘外为二方连续缠枝花卉纹；口沿至盘心有三层图案装饰，盘口沿和内壁均以青花为地，盘口沿有缠枝菊花纹一圈，内壁装饰缠枝牡丹花，盘心点缀瓜、竹、石头、芭蕉和葡萄，全器构图严谨，图案清晰明朗，颇有艺术情趣。明代瓷器纹样装饰中，沿袭葡萄"瑞果"特性，葡萄与其他花卉、果实组合进行装饰亦是常见（图2-20、图2-21）。

图2-19　元青花瓜竹葡萄纹大盘（上海博物馆）

图2-20　元青花雉鸡竹石花果纹盘（上海博物馆）

图2-21　元青花庭园锦鸡模印莲花大盘（上海博物馆）

① 王玉芳.流传与移植——试论中国古代美术作品中葡萄纹的流传[J].南京艺术学院学报（美术与设计），2016（05）:90-96.

中 国 瓷 器 缠 枝 纹 装 饰

　　葫芦是一种藤蔓植物的果实，因其寓意富贵吉祥、财源兴旺，在瓷器造型或者瓷器装饰中受到广大群众的喜爱。人们模仿自然界的葫芦，将葫芦造型引入到瓷器装饰上，形成了别具韵味的装饰效果。"葫芦"与"福禄"的读音接近，寓意着福禄齐全，幸福和财富永存；葫芦枝叶繁茂、多果多籽，有母性崇拜的意义，寓意着多子多孙的美好愿望；葫芦有药用功能，寓意着健康、长寿；葫芦是暗八仙之一，是百姓心目中的灵物，有祥瑞辟邪保福之意义。台北故宫博物院收藏的《乾隆八年瓷胎洋彩葫芦罐》，口沿和足底部为凸起形态，描满金色的缠枝纹，罐身满密装饰缠枝卷草纹作底。非常细腻精致。罐身主纹描绘有十二个葫芦，上面写着天干、地支。该葫芦罐为上下两部分，可以旋转，因此天干、地支可以相互搭配，由此该罐又称"甲子笔筒"。明清两代，用葫芦造型作为瓷器形制的案例颇为丰富，体现了吉祥的寓意（图2-22、图2-23、图2-24）。

图2-22　清乾隆瓷胎洋彩葫芦罐（台北故宫博物院）　　图2-23　明成化款五彩鹤寿葫芦瓶（北京故宫博物院）　　图2-24　清雍正青花缠枝莲纹葫芦瓶（北京故宫博物院）

（二）中外融合

　　不同的国家和地区有不同的装饰文化，不同的装饰文化运用不同的植物装饰，缠枝纹装饰亦是如此。埃及、希腊、罗马以缠枝棕榈、缠枝忍冬、缠枝蓖麻为母题进行装饰，波斯、印度以缠枝葡萄、缠枝郁金香为母题进行装饰[1]，这是地域文化所体现的不同艺术特色。在前面第一章我们已经讲述了中国缠枝纹的发展历程，蔓草纹、莲

①　阿洛瓦·里格尔.风格问题[M].刘景联,李薇蔓,译.长沙:湖南科学技术出版社,2000:2.

花纹、忍冬纹、卷草纹是我国古代早期的植物缠绕装饰纹样。随着佛教传入我国，逐渐发展，佛教中应用的大量植物缠枝纹也随之在中国得到了广泛的交流，被中国植物装饰体系吸收，形成了独特的中国缠枝纹发展面貌。元代，外来文化与传统文化不断交融，尤其是由于瓷器贸易的发展，缠枝纹装饰母题中植物题材迅速增多。出口到伊斯兰国家和地区的瓷器装饰纹样以植物装饰和自然主题为主，装饰满密，缠绕特征明显。例如《元青花凤凰瑞兽穿花纹四系扁方壶》（图 2-25），从造型看就是马上民族所用之物，因有系口，方便随身携带，装饰纹样中既有传统民族特色的麒麟、凤凰瑞兽，又有缠枝莲花纹铺满罐身。佛教由印度传入中国，经过中国文化的润泽之后，产生了很多适合中国本土需要的装饰文化。在缠枝纹装饰中，我们时常可以看见佛教元素的身影，缠枝花卉与其融洽地出现在同一个载体上，瓷器上亦是非常丰富，例如佛教八宝纹。佛教八宝纹与花冠、与枝叶、与几何纹等均有灵活的组织方式，例如《明宣德青花缠枝莲托八宝纹合碗》（图 2-26）、《清乾隆青花缠枝莲托八宝纹大罐》（图 2-27），这些组合装饰均是各种文化交流的产物。

图 2-25　元青花凤凰瑞兽穿花纹四系扁方壶①（伊朗国家博物馆）

图 2-26　明宣德青花缠枝莲托八宝纹合碗（中国国家博物馆）

图 2-27　清乾隆青花缠枝莲托八宝纹大罐（中国国家博物馆）

（三）创造发展

随着社会的不断发展，文化作为人类社会的产物也在不断发展。文化发展依靠什么？依靠创新，依靠每一代人民的创新。中国缠枝纹在发展过程中，带有不同时代的元素，不同时代的政治、经济、文化赋予了它不同的创新精神。元、明、清时期，缠枝纹装饰风格各有特色，风格迥异。从牡丹花的花冠发展变化，我们可以看

---

① 上海博物馆.幽蓝神采：元代青花瓷器特集[M].上海：上海书画出版社，2012：120.

见不同时期的不同变化。即使是同一个时期，每一个窑口的装饰风格也不一致。从牡丹花来说，元代牡丹花型大、叶片大，到了明代，叶片要细小一些，更加细腻柔软一些。即使是同一个时代，牡丹花的花冠变化也颇多，明洪武与明成化时的花卉装饰风格自然各有特色。从色彩上来说，不同的时期，用的青料不同，牡丹花的色泽与晕染程度各不相同。同一时代，不同的瓷窑之间，缠枝装饰花卉的形态也各不一样。元代龙泉窑以刻花、划花、雕花、镂花为装饰技法，牡丹花的表现形态与用苏麻离青做染料绘画的自然不同。例如中国国家博物馆收藏的《元龙泉窑青釉镂空牡丹纹瓷玉壶春瓶》（图2-28），形制优美，色彩青翠，纹饰雕刻镂空，枝叶缠绕，颇有情趣。到了明代，彩瓷技术得到了更大的精进。明代成化斗彩采用红、绿、紫、黄、黑等色彩进行瓷器纹样装饰（图2-29），白色的釉色温润如玉衬托彩色精致雅静，技术上的革新让艺术造诣成就斐然。明代沈德符《万历野获编》写道：万历时"则成窑酒杯，每对至博百金"[1]。《神宗实录》："神宗时尚食，御前有成化彩鸡缸杯一双，直钱十万"。到了清代，牡丹纹装饰跟随时代发展变得更加细腻精致。北京故宫博物院收藏的《清康熙青花缠枝牡丹纹碗》（图2-30），胎体细腻白皙，青花发色由深至浅变化，非常淡雅漂亮。该碗的牡丹花卉为团状，花瓣层层叠叠，非常紧密，主茎上下起伏，卷曲的小叶片与花团形成对比，秀丽美观。

图2-28 元龙泉窑青釉镂空牡丹纹瓷玉壶春瓶（中国国家博物馆）　　图2-29 明成化斗彩洞石牡丹纹罐（北京故宫博物院）　　图2-30 清康熙青花缠枝牡丹纹碗（北京故宫博物院）

我们来看，同样是瓷器的载体，同样是牡丹的母题，由于时代不同和技术发展，其表现出来的装饰风格、文化特征、艺术特色也截然不同，这便是创造和发展的力量。

---

[1] 蔡毅.陶瓷选粹 异彩纷呈[J].紫禁城,2000(01):35-39.

表一　牡丹纹

名称	瓷器图案	装饰特点与风格
元代缠枝牡丹纹	 图 2-31　元青花缠枝牡丹麒麟纹螭耳罐局部(伊朗国家博物馆) 图 2-32　元青花缠枝牡丹纹罐局部(上海博物馆) 图 2-33　元青花缠枝牡丹纹兽耳盖罐局部(蚌埠市博物馆)	元代，缠枝牡丹的花型硕大，叶片较大，青花色泽浓艳，显得大方贵气。花朵大多勾线，边缘留白，构图饱满，风格厚重端庄。
明洪武缠枝牡丹纹	 图 2-34　明洪武青花牡丹缠枝把壶局部(震旦艺术博物馆) 　图 2-35　明洪武青花缠枝花卉兽耳瓶局部(震旦艺术博物馆)	明洪武，缠枝牡丹花冠较大，叶片较小，枝条柔软纤细，青花发色为青灰色。花瓣勾线留白，花蕊一簇一点，刻画生动自然，风格较为疏朗。

中 国 瓷 器 缠 枝 纹 装 饰

名称	瓷器图案	装饰特点与风格
明永乐缠枝牡丹纹	 图 2-36　明永乐青花缠枝花卉纹玉壶春瓶局部 （中国国家博物馆） 图 2-37　明永乐青花折枝牡丹纹折沿盘局部 （中国国家博物馆）	明永乐，花朵色泽浓艳，但每片花瓣深浅不一，笔触交叠明显，虽不似前朝留白明显，但花瓣之间也有空隙区分。叶片脉络刻画分明，有随风舞动之灵动感，显得秀丽端庄。
明宣德缠枝牡丹纹	 图 2-38　明宣德青花缠枝牡丹纹碗局部 （中国国家博物馆）	明宣德，花卉母题装饰增加，牡丹母题仍为重要题材，但装饰数量上有所减少。牡丹花冠较大，晕染技法涂抹花瓣明显，相比永乐时期的要端庄严肃一些。
明成化缠枝牡丹纹	 图 2-39　明成化青花缠枝花卉纹碗局部 （震旦艺术博物馆）	明成化，细线勾勒轮廓，边线留白清晰，色彩淡雅，深浅有致，叶片疏朗，风格清丽隽逸。成化时期相比明早期，牡丹纹样装饰减少，风格呈现程式化、图案化、规则化特点。

名称	瓷器图案	装饰特点与风格
明万历缠枝牡丹纹	图 2-40 明万历青花双龙戏珠纹委角长方盒局部 （中国国家博物馆）	明正德至万历时期，花卉重视形态勾线，轮廓色彩较重。花瓣色彩平涂，色泽单一厚重，长笔平涂，留白较少，风格平实简朴，有剪影的风格。总体来说青花瓷上牡丹花母题减少，牡丹花融合于宝相花装饰形态。
清康熙缠枝牡丹纹	图 2-41 清康熙青花缠枝牡丹纹碗局部 （北京故宫博物院） 图 2-42 清康熙青花缠枝莲纹碗局部 （北京故宫博物院） 图 2-43 清康熙青花牡丹纹执壶 （北京故宫博物院） 图 2-44 清康熙青花缠枝牡丹纹碗 （北京故宫博物院）	清康熙，青花瓷牡丹花卉装饰丰富，轮廓勾线，花冠和叶片大多为晕染技法填图，较为细腻平整。青花发色透明，在白色的瓷胎衬托下非常莹润，显得精致大方。

中 国 瓷 器 缠 枝 纹 装 饰

名称	瓷器图案	装饰特点与风格
清雍正缠枝牡丹纹	 图2-45　清雍正青花缠枝花卉纹如意尊局部 （中国国家博物馆） 图2-46　清雍正青花缠枝花蕉叶纹瓶局部 （北京故宫博物院） 图2-47　清雍正青花缠枝花卉纹大盘局部 （震旦艺术博物馆）	清雍正，缠枝牡丹纹装饰以模仿明代永宣时期的风格为主，青花色泽浓艳，纹饰自然流畅。缠枝牡丹布局繁密，形状工整，用黑色斑点营造深浅不一的效果，并用填色与勾画线纹的方式增加花瓣的层次感。整体风格显现出规整机械之感。
清嘉庆缠枝牡丹纹	 图2-48　清嘉庆青花缠枝牡丹纹碗局部 （北京故宫博物院）	清嘉庆，青花瓷烧制仿康熙较多，缠枝牡丹装饰也有较多仿制康熙时期牡丹画法。牡丹花型呈团状，花瓣采取浓重之色进行细线勾勒，内填浅色。枝叶均进行勾线，青花发色浓郁。

二、装饰色彩——单色向多色发展

瓷器从诞生开始，色彩便是其基本的属性。从色彩技术的角度出发，从无（这里的无是指瓷土烧造的本色）到有，从单一到丰富是基本的趋势。单色向多色发展是中国瓷器缠枝纹不断发展的历程。运用刻、划、雕等技法使得瓷器产生凹凸不平，显示的是瓷器本身的釉色（图2-49、图2-50）。后来，瓷器釉色开始丰富起来，瓷器的纹样色彩也得到了更大的拓展。随着青花技法的成熟应用，瓷器上的纹饰采用了描绘的手法，瓷器装饰可以与画作一样，有晕染，有层次。

图2-49　北朝青釉刻花单柄壶（北京故宫博物院）

单色釉、多色釉　东汉至宋期间，缠枝纹的装饰色彩以瓷器的釉色为主，也就是并未对缠枝纹进行专门的色彩装饰，本身缠枝纹就是采用刻、划、印的装饰技法，与瓷器胎体融为一体。由于早期瓷器釉色比较暗沉，就是越窑青瓷大部分产品也偏暗黄、暗绿，因此人们追求更白更透的效果。当然，早期青瓷要做到如玉在技术上很难，汉代越窑青瓷原料也并未找到特别"显白"的瓷土，到了北朝晚期河北邢台内丘、临城一带才烧造出了有代表性的白瓷，人们追求浅色瓷器，唐代"南青北白"的瓷器发展满足了人们对实用瓷器美的需求。这同时也是技术进

图2-50　五代越窑青釉刻划折枝花纹盒（北京故宫博物院）

步的动力。宋代审美到了极高的水平，追求如冰类玉的效果更是一种美的需求。

单色青花　青花自唐代开始出现，宋代并未有大的发展，到了元代青花得到了极大发展，这是缠枝纹的第一个发展高峰期。元瓷中青花钴料可以采用描绘、晕染的方式来进行装饰，这给了缠枝纹大发展的契机，青花釉下彩登上了时代的舞台。青花绘画大幅度地取代了由汉至宋以划花、刻花等为主的装饰技法。青花装饰有两种类型：一种是底为白，称为"白地青花"（图2-51），缠枝纹为青色；另一种是底为青色，称为"青地白花"（图2-52），缠枝纹装饰留

图2-51　明宣德青花缠枝莲花纹盘（中国国家博物馆）

图2-52　元青地白花缠枝花卉纹菱口盘（英国大英博物馆）

出空白。这种底图转换的色彩表达方式，是一种艺术表现的智慧，为当时的单色青花增添了许多艺术美的乐趣。

釉里红：始于元代，成熟于明代，清代进一步发展。釉里红与青花烧造原理大体相同，色剂为氧化铜，在瓷胎上绘制纹样之后，罩施透明釉，在高温还原焰气氛中烧成。元时，釉里红已经开始烧造，取得了一些成绩，但是由于技术落后、缺乏市场并未得到大的发展。明王朝对红色有着特殊的爱好，似乎红色是象征着皇权的一种神秘力量，因此早期洪武釉里红烧造具有浓郁的政治色彩。洪武时的釉里红已经有淡红、深红、灰红等色彩层次。自明洪武至成化年间，青花和釉里红同时发展，缠枝纹的装饰色彩开始愈加丰富，青色和红色成为主流色彩（图2-53至图2-55）。清代康熙、雍正、乾隆时期，官窑中釉里红得到了恢复和技术的长足进步，从技术上来说，已是最高峰。当然，清代民窑釉里红也非常发达，尤其是青花和釉里红结合，产生了一批精美的作品，非常有特色。

图2-53　元景德镇窑青花釉里红镂雕盖罐（北京故宫博物院）

图2-54　元青花缠枝莲花鸳鸯纹高足碗（英国牛津大学阿斯莫林博物馆）

图2-55　明洪武 釉里红缠枝菊花纹玉壶春瓶（中国国家博物馆）

彩瓷：从装饰效果来说，主要可以归纳为"斗彩""五彩""粉彩"等。

斗彩是釉下青花与釉上彩相结合的彩瓷品种。明宣德时期开始尝试烧制，至明成化时斗彩技法完全成熟，色彩鲜艳，名满天下。明成化斗彩的釉上色彩少则3～4种，多的有6种以上，一般用青花勾勒轮廓线条，再施以青花淡彩，上透明釉之后高温烧制，待烧成之后填入各色彩料，再低温烧造而成。斗彩瓷器以小件杯、碗、高足杯为主，大件瓷器较少。清雍正时期斗彩也颇为出色（图2-56）。

"五彩"是多彩的意思，一般五彩中要含红彩和绿彩。五彩瓷是在高温烧成的白瓷或已绘局部图案的青花瓷上以红、绿、黄、紫、黑、蓝等色彩描绘，再低温烧造而成。五彩瓷烧成温度需要略高于粉彩，相比粉彩柔软感不足，因此俗称"硬彩"或"古彩"。"五彩"的烧造技法比较多，因此根据不同的工艺可分为釉上五彩和青花五彩这两种。宋、元瓷器上的加彩技法是五彩发展的基础。明宣德时已经有五彩，以红、黄、绿居多。嘉靖、万历时，较多以釉下青花和釉上多种彩相结合，称青花五彩。清康熙时烧造了釉上蓝彩、金彩、黑彩，使釉上五彩成为彩瓷的主流，色彩更加细腻，线条更加流畅，为后续的瓷器装饰提供了多样的表现技法。清雍正时（图2-56），粉彩盛行，五彩仅作为仿古瓷烧造，产量较低。

　　粉彩是釉上彩，相对五彩来说，又可以称之为软彩，是在珐琅彩技术上创烧而成（图2-57）。粉彩创烧于康熙中晚期，成熟于雍正、乾隆两代。清康熙晚期，在五彩基础之上，粉彩技术有了很大发展，除了传统的红、黄、绿、褐、紫、黑等色彩之外，金彩和黑彩也得到了广泛应用，这让瓷器的装饰熠熠生辉，显得贵气（图2-58）。还在技术上研发了釉上蓝彩，从装饰效果来说，釉上蓝彩可以取代釉下青花。清乾隆时的清宫档案称粉彩为"洋彩"。《饮流斋说瓷》载："软彩，又名粉彩，谓彩色稍淡有粉匀之也。"[①]硬彩华贵而深凝，粉彩艳丽而清逸。"粉彩可以通过层层渲染表现明暗，每种色彩都有丰富的色彩层次（图2-59）。

图2-56　清雍正斗彩缠枝花卉纹玉壶
春瓶(中国国家博物馆)

图2-57　清康熙黄地珐琅彩
牡丹碗(北京故宫博物院)

图2-58　清道光描金彩缠枝纹
（中国国家博物馆）

图2-59　清嘉庆紫地粉彩番莲纹
镂空盘(中国国家博物馆)

---

① 转引自蔡毅.论粉彩[J].文物,1997(03):78-82.

三、装饰规律——统一向变化发展

中国瓷器缠枝纹的装饰规律由统一向变化发展，这是形式美的规律。没有变化就没有美，统一之中有变化，变化之中有统一，才是真正的美。瓷器缠枝纹装饰，数千年来受到所有阶层的喜爱，抛开政治因素、经济因素来说，一定是具有独特的形式美的规律，下面进行变化与统一、对比与调和、节奏与韵律等装饰规律的总结和归纳。

（一）变化与统一

变化与统一是形式法则的总原理，也是一切形式组合的普遍规律。瓷器缠枝纹在历史的发展进程中，始终以S形的茎状为主要结构，这并未发生改变，变化的是茎的长度，茎的扭曲度，茎运动的方向，茎上的枝叶、花朵，以及瓷器的形制、色彩乃至原料。尤其是缠枝纹的"S"形曲线可以伸长和缩短，为纹样的造型变化提供了方便，花冠、叶片、茎可以各种方式组合，单独纹样可以变成二方、四方纹样，纹样可以适合瓷器的造型不断变化。从整体看，缠枝纹装饰是卷曲缠绕的，从细处每个部分看，各个组织结构又各不相同，统一与变化就在瓷器的方寸之间。从茎蔓的组织方式来说，可以总结为C形、X形、O形、涡形。

1. S-涡形骨架

S-涡形骨架指的是"涡"形小枝蔓连接"S"形植物主茎后延伸扩展将各种花团、果实紧密包围的形态。涡形骨架始终以花冠为中心，枝蔓呈现涡形形态，绕花朵1~2周，形成一种涡形的视觉中心。此类的骨架适合各种形制的瓷器，较为常见。《明洪武釉里红缠枝牡丹纹玉壶春瓶》（图2-60）的涡状骨骼线条挺拔有力，是从右往左旋转的，枝叶随着涡形向上旋转的方向微微飘动，颇有意境。《明洪武青花缠枝花纹碗》（图2-61）的装饰母题是菊花，该涡纹骨骼向左向下，与菊花的花冠形成了太阳状的

图2-60　明洪武釉里红缠枝纹牡丹纹
玉壶春瓶（北京故宫博物院）

图 2-61　明洪武青花缠枝花纹碗
（北京故宫博物院）

发射形态，枝叶疏朗，与菊花紧密的花瓣形成对比。

2. S-C 形骨架

在 S-C 形骨架中，其波状曲线植物主茎为"S"形，蜿蜒前进，"C"形斜插在"S"形起伏中间部分，占用的空间较少，枝蔓较为宽松，显得秀气清爽。根据图 2-62 和图 2-63 中的缠枝纹瓷器中 S-C 形骨架，可以看出，相对于涡形骨架，要秀气内敛了许多，即使如《明宣德青花缠枝莲纹折沿盆》(图 2-62)叶片的活跃度比较高，但是总体装饰仍然具有缓和平静的秩序感。《明永乐青花荷花描金缠枝莲纹碗》(图 2-63)外壁装饰有二方连续几何纹、缠枝莲纹，莲纹只有花朵，没有叶片，清爽素净。主茎旁伸出的小弯曲茎，弯曲的幅度较小，呈现半圆形。这种骨架一般装饰于瓷器的口沿、腰腹部，小型器物上应用较多。

图 2-62　明宣德青花缠枝莲纹折沿盆(北京故宫博物院)

图 2-63　明永乐青花荷花描金缠枝莲纹碗(北京故宫博物院)

3. S-X 交叉形骨架

这种骨架呈现"X"形，枝蔓与主茎有交叉，形成 S-X 交叉形骨架。枝蔓可以装饰花卉，也可以装饰叶片，呈现一种扭曲状的与主茎交叉形态。S-X 交叉形骨架缠枝纹展现的鲜明"交叉"形态，动态性愈显增强，纹样尤显活泼，相比涡形、C 形骨架来说，是一大特色优势。《明永乐青花缠枝莲纹钵缸》(图 2-64)的缠枝纹装饰母题是夕颜、六瓣莲花，二者间隔交替，夕颜扭曲的形态与莲花的骨骼形成交叉骨架，使得缠绕的态势更加明显。

图 2-64　明永乐青花缠枝莲纹钵缸（北京故宫博物院）

4. S-O 形骨架

S-O 形骨架，主要强烈体现 O 里面的物体形态，一般装饰为花冠。主茎与副茎或者枝蔓之间形成一个空间，这是一种特殊的类似开窗的装饰形态（图 2-65）。因而人们经常性地在其中描

图 2-65　清康熙青花缠枝花纹鱼篓尊（北京故宫博物院）

绘莲花、牡丹、葡萄等代表性的植物花果，除此之外，动物纹样龙凤、鸟兽等也会进行组合装饰。相反的是其"O"形外剩余装饰空间因为大大少于 S-涡形、S-O 形骨架，反而有利于设计师利用一些较小的花、叶等辅助图形对剩余装饰空间进行美化。

（二）对比与调和

对比与调和是多样统一的具体化，对比在装饰中显得视觉效果强烈，调和相当于一种温柔的变化。对比是变化的一种表现方式，两种事物进行对比，在一定的范围内形成活跃度，在纹样中是指两种表现形态进行对比，形成差别。大大的花冠与小小的叶片形成对比，宽宽的花瓣与细细的枝条形成对比，弯曲有劲的枝条与本身的二方连续直线形运动方向形成对比。柔中带硬，硬中带柔，充分调和了这种强烈的秩序感，调和形成了缠枝纹装饰的优美旋律。例如《元青花缠枝纹牡丹罐》（图 2-66）花大叶小，茎呈挺拔的"S"细线，与叶片的完整色块，形成了强烈的对比。主茎略粗，叶梗略细，与叶片的大小形成了一定的对比，丰富了画面的表现力。例如《清乾隆青花釉里红缠枝莲纹梅瓶》（图 2-67），缠枝纹色彩分为蓝色和红色，花朵为红，茎叶为蓝，红色波长较长，蓝色波长较短，视觉上一暖一冷，形成对比，颇有特色。

图 2-66 元青花缠枝纹牡丹罐
（北京故宫博物院）

图 2-67 清乾隆青花釉里红缠枝莲纹
梅瓶（北京故宫博物院）

（三）节奏与韵律

节奏本是音乐中的一种节拍，这是一种非常有秩序的关系。缠枝纹有单位纹样，单位纹样的重复出现就是一种节奏美感。缠枝纹的骨骼最基本的形式就是重复，以基本形为单位反复重复，形成秩序感。韵律在装饰中是一种优美的形态表达，许多曲线的装饰形成了一种韵律之美。曲线的每一次起起伏伏构成了韵律的基本单位。"S"形缠枝纹的线条本身就具有柔美的特性，再配上固定单位组织的花和叶，形成了自己的节奏感与韵律感，获得了高度的协调美感，视觉上表现了柔美的力量。《明成化青花缠枝莲纹碗》（图 2-68）缠枝主茎起伏较大，侧视莲花与俯视莲花形成对比，两两组成一个单位形，重复节奏运动，枝条上的小叶片随风扭动，形成了柔美的韵律感。《清康熙青花缠枝牵牛花纹碗》（图 2-69），青花发色淡雅，呈现色彩浓淡渐变，主茎较细，呈现"S"形运动态势，形成一起一伏的运动感。

图 2-68　明成化青花缠枝莲纹碗
（北京故宫博物院）

图 2-69　清康熙青花缠枝牵牛花纹碗（北京故宫博物院）

　　中国瓷器缠枝纹装饰艺术特色，反映的不仅是装饰的变化，更是一种美，一种历史中蕴藏的纹样之美。缠枝纹装饰的形式美规律体现了中国人的审美规律和装饰思想，也归功于中国工匠的智慧创造，为后人开创了独具特色的中国瓷器装饰文化。

第三章 >>

元代瓷器缠枝纹装饰艺术

> **公**元 1206 年，一代天骄成吉思汗统一蒙古国，建立大蒙古国。公元1260年，成吉思汗的孙子忽必烈继承汗位。公元1271 年，正式定国号为元，建都大都（今北京）。元世祖忽必烈时期，元政府采取各种措施，恢复生产，元代瓷器得到了非常大的发展。元朝疆域辽阔，海上贸易发达，中外交流频繁，形成了独特、多元、开放的文化格局，元代瓷器是元文化典型的造物代表。元代瓷器形制浑厚粗犷，纹样装饰满密，色彩以蓝白为主，是中原文化、游牧文化、西域文化交融的产物，在瓷器装饰艺术史上独具特色。

第一节　元代瓷器的发展

从中国瓷器发展历程来说，元代官窑瓷器是重要的转折点。元初，宋代流传下来的传统窑址依旧在生产，但是产品质量粗糙，民间的瓷器质量更加低下。元至正十五年（公元 1278 年）浮梁磁局的设立，极大地促进了瓷器技术、艺术的发展。江西景德镇成为了全国的瓷器重镇，技术上有了更大的创新，引领着全国的瓷器共同发展。元代除景德镇一枝独秀外，北方钧窑、耀州窑、磁州窑、定窑等，南方吉州窑、龙泉窑、建阳窑等均有一定的发展，瓷器产品颇有自身特色。

一、元代瓷器发展

元至正十五年，浮梁磁局设立，专管皇室烧瓷和漆器。史料中记载了元代景德镇成为皇家直接管理的御用窑口。《元史》前揭"志第三十八·百官四"记载了浮梁磁局的官员组织架构、品级和职责①。元代孔齐撰写的《至正直记》卷二中记载，景

---

① （明）宋濂.元史：百官四［M］.北京：中华书局，1976：2227.

德镇的瓷土、瓷器是朝廷御用。一个窑口烧造完毕之后，马上封窑，以免产品流出。①
明代王宗沐纂、陆万垓增修的《江西省大志》中专门提到元代泰定年间景德镇窑的总
管陶监专门管理制瓷事物，按照宫廷的规范来进行，有规定的按照规定来，没有规定
的则不能随意烧造。②

（一）元代景德镇窑

元代江西景德镇成为全国瓷器重镇，这与元政府的重视是直接关联的。前面已经
讲述了江西景德镇浮梁磁局专烧皇室用瓷，该局停办后改由饶州路总管监烧。根据
《元史·百官志》，浮梁磁局由诸路金玉人匠总管府管辖，后者又隶属将作院。中国国
家图书馆现存元至顺刻本《编类运使复斋郭公敏行录》第一卷，是颂咏时任浮梁知州
郭郁言行善政的诗文集，其中有两首与瓷业相关。一句"官瓷烧造有专官"，说明了
当时的景德镇瓷器烧造已经受到元政府管制，政府派出官员专门管理瓷器烧造，使得
景德镇瓷器烧造更加有序，为贸易出口打下基础。由于经济很大程度上决定瓷器的烧
造，元政府为了瓷器贸易将烧造作为重要的事业部门来看待。

景德镇窑生产白瓷、青白瓷、青花、釉里红及其他霁青釉、祭红等，其中以青花
和釉里红最为知名，这也为明清的彩漆大量流行打下了基础。江西景德镇的青花，是
在白色瓷器胎体上绘制青色的花纹，呈现青翠欲滴的蓝色花纹。唐时，已经有青花纹
装饰，但产品甚少，至宋代较少在青花装饰发展。元代，景德镇崛起，青花瓷远销海
外。清代朱琰《陶说》、陈浏《陶雅》中均有谈论到青花。釉里红，与钧窑瓷器紫红
釉的制作有关，是瓷器釉下彩装饰手法之一。青花和釉里红的技术不断成熟和发展，
元青花釉里红创烧成功。青花釉里红，俗称"青花加紫"，是在运用青花釉料装饰之
间运用釉里红技术加绘纹饰的一种瓷器装饰技法。霁青釉、祭红在元代时应用于皇家
祭祀和太庙陈设，因此，用"祭"来称呼。祭红，以瓷器釉色名命名，是指瓷器具有
鲜红的釉色，色似初凝的鸡血，莹润均匀。霁青釉，又称宝石蓝釉、霁蓝釉、祭蓝釉，
色泽深沉，浓淡均匀，釉面光滑，呈色稳定。元代新的瓷器技术的发展创新改变了当
时的瓷器生产面貌，为后代的瓷器艺术的发展起到了铺垫作用。

此外，元代景德镇还创烧卵白釉器，这种著名产品又名"枢府窑器"或"枢府"
款瓷，这为明代甜白釉发展奠定了基础。该瓷窑还烧造青花和黑釉瓷器。元代文献或
瓷器中所带"枢府"二字是最高军事机构枢密院的简称。有关"枢府"款枢府釉瓷的
记载，最早见之于明初曹昭《格古要论》③。此后，所见诸多文献采纳这种说法。关

---

① （元）孔齐.至正直记[M].上海：上海古籍出版社，1987：80.
② （明）王宗沐纂，陆万垓增修.中国方志丛书：江西省大志（影印本）[M].台中：成文出版社，1989：815.
③ 熊寥.中国陶瓷古籍集成[M].上海：上海文化出版社，2006：228.

于"枢府"款瓷是最高军事机构枢密院定制用瓷[①]是得到多本文献论证的。朝鲜新安沉船打捞上来的瓷器纹饰与元大都遗址"枢府"瓷器纹饰属于同类。[②]从木制的货签写着的墨书日期进行分析，新安沉船是元至治三年六月左右从庆元出港的。[③]"枢府"款枢府釉瓷设计样稿不仅供枢密院和其他官府机构使用，甚至民间窑厂也可使用，这至少说明枢府瓷器设计稿为当时的通用版本。

（二）吉州窑

吉州窑，又名东昌窑、永和窑，是非常知名的综合性瓷窑，位于江西吉安，始于晚唐，兴于五代，北宋时得到发展，南宋时是鼎盛时期，元中期逐渐衰落。吉州窑发展历史较长，拥有多名技艺高超的烧瓷匠人，这对江西尤其是景德镇瓷器烧造起到重要的支持和促进作用。古籍《明东昌志》有记载：到了五代的时候，吉安地区聚集了许多烧瓷匠人，一边耕作一边制作陶瓷。周世宗显德年间，已经有形成一定规模的瓷窑。到了北宋景德年间，设置了"监镇司"专门管理瓷窑，开设了陶瓷器的交易门市，四方人员汇集此地，非常热闹[④]。

吉州窑生产的瓷器种类繁多，百花齐放，比较精美，从造型上来说不同的形制达到了120余种。按照胎釉分类，具体可细分青釉、乳白釉、绿釉、黑釉、彩绘、雕塑瓷等。吉州窑生产的特色产品黑釉釉瓷（天目釉瓷）是吉州窑的标志性品种。宋元吉州窑瓷器中，装饰有缠枝纹的器型包括鼓腹罐、直颈罐、鼎式炉、鬲式炉、筒形炉、梅瓶、鱼耳瓶、长颈瓶、执壶、瓷枕等。吉州窑的缠枝纹装饰技法为釉下彩绘，主题纹饰突出，构图简洁，笔线纤细，重于写意，作品具有含蓄秀丽的江南地域特色和时代风格。以色彩来分类，有"白地彩花"和"彩地白花"，褐色、棕红色、黑色、彩花为主要色调，色彩柔和，含蓄秀丽。白地彩花数量较大，彩地白花是当时的新型产品。

（三）龙泉窑

龙泉窑是历史名窑，宋代时就已经成为重要的六大窑系之一。龙泉窑开创于三国两晋，北宋中晚期形成自己的独特风格，所生产的瓷器受到全国各地的广泛欢迎。南宋时鼎盛，这与宋朝都城南迁至杭州有重要关系，青瓷是其最重要的产品。南宋绍兴三年（公元1133年）庄绰的《鸡肋编》[⑤]中有写道，龙泉生产的青瓷又称之为秘色瓷，

① 余金保.元代"枢府"款枢府釉瓷使用对象及其用途[J].考古与文物,2014(06):84-90.
② 李德金,蒋忠义,关甲堃.朝鲜新安海底沉船中的中国瓷器[J].考古学报,1979(2):245-254.
③ 〔日〕久保智康,彭涛.新安沉船装载的金属工艺品——其特点以及新安沉船返航的性质[J].南方文物,2008(04):142-154.
④ 余家栋.试论吉州窑[J].江西历史文物,1982(03):36-50.
⑤ 沈岳明."官窑"三题[J].故宫博物院院刊,2010(05):16-25.

北宋宣和年间，龙泉窑制作贡品需要按照朝廷的规范来进行，制作越来越精巧细腻。众所周知，越窑青瓷是匣钵烧造的称为秘色瓷。南宋时，越窑青瓷已开始衰落，此时越州钱氏进贡朝廷采用的青瓷为龙泉秘色瓷。乾隆二十七年（公元 1762 年）修的《龙泉县志·大事记》中认为：五代的时候龙泉已经开始制作青瓷且初具一定的规模，"五代贞明五年龙泉金村、刘田等地制瓷作坊已具规模①。南宋赵彦卫撰笔记集《云麓漫钞》（南宋开禧元年）中写道：南宋中期，龙泉窑生产官窑瓷器制品，例如龙泉黑胎青瓷，与越州青瓷和杭州官窑青瓷相比，略胜一筹。明洪武二十一年（公元 1388 年）曹昭《格古要论》中《古窑器论》有一段对于龙泉青瓷工艺和价值的记载：龙泉窑位于浙江龙泉县，生产各类青瓷、仿古青瓷。因当时龙泉属处州管辖，又称"处器"。龙泉青瓷瓷土细腻，胎体较薄，其中着色为翠青色的瓷器价值更高一些。②元政府极其重视对外贸易，龙泉窑得此机会扩张迅速，产品种类增多，远销海外。20 世纪 70 年代，新安海底元代沉船中打捞出来的 2 万多件瓷器中，龙泉青瓷占了 13000 多件，这说明元朝龙泉青瓷贸易具有重要的地位。

元代龙泉青瓷器型高大，胎色一般为白色，略带灰色或者淡黄色，釉色为粉青兼带一点黄绿色，除前代常见形制之外，还有凤尾尊、觚式瓶、樽式炉等仿商周青铜器的造型。从龙泉青瓷装饰手法来说，刻、划、印、贴、塑等是专用技法，有些瓷器进行了透雕，别有一番风味。缠枝纹装饰母题以缠枝牡丹、缠枝菊花、缠枝莲花或者是穿枝类题材为主。花卉装饰多为减地剔刻而成，具有浅浮雕效果，布局满密，层次较多，轮廓清晰，大花大叶，顶天立地。

（四）建阳窑

建阳窑，又称"建窑"，位于建阳水吉镇，以产黑瓷而出名。建阳窑瓷器胎体中含铁较高，胎色坚硬且呈色深黑，又称"铁胎"。晚唐五代时期，建阳窑开始烧造青瓷，到了宋代主要烧制黑瓷，青白瓷仍在烧制。北宋晚期，上层社会"斗茶"流行，瓷制茶具销量大增，开始烧制黑釉茶盏专供宫廷，南宋时期极盛，至清代而终。黑釉茶盏，亦称建盏，底部刻有"进盏""供御"字样，以水吉镇窑制品为最佳，颇受文人喜爱。建阳窑除茶盏外，另有瓷钵、瓷小罐、瓷小壶，玉壶春瓶也较有特色。建窑中大部分是纯粹运用窑变进行色彩变化，有兔毫盏、金毫、银毫、鹧鸪斑、蓝色油滴窑变等类型。鹧鸪斑指的是形似鹧鸪鸟羽毛的纹理。北宋开宝三年（公元 970 年），陶谷《清异录》中有记载：福建建阳窑制造的茶盏，有鹧鸪斑纹的，是茶家的珍宝。③

---

① 黄松松,骆明明,周少华.关于浙江"龙泉窑"的古文献考证[J].中国陶瓷,2011,47(01):64-69.
② （明）曹格.格古要论[M].杨春俏编著.北京:中华书局,2021:230.
③ 吕成龙.试论建窑的几个问题[J].文物,1998(07):53-59.

许多文人墨客例如黄庭坚、诗僧惠洪、朱翌、杨万里等为此写下了优美的诗句。从缠枝纹装饰的角度来说，主要采用刻、划、剔、印等技法进行纹样装饰，但是建阳窑中偶有此类产品，并不多见。

（五）钧窑

钧窑，位于今河南禹州（原禹县），北宋时开始烧造，制作精工，蓝色乳光釉和铜红釉是钧瓷的代表。钧窑的早期与唐代的花瓷有关①。宋代钧与唐钧有一定的承袭流变关系②。钧窑传世品以天蓝、玫瑰紫、海棠红等釉色并刻有数字的陈设类瓷器为代表③。清代《宣德鼎彝谱》中所录宣德三年圣谕："并内库所藏柴、汝、官、哥、钧、定各窑器皿款式典雅者，写图进呈，开冶鼓铸。④"钧窑窑变的各种色彩非常丰富，仅红色就有玫瑰红、海棠红、胭脂红、鸡血红等，还有各种青、蓝、紫等，颇有天成韵味，古代文人墨客时常写诗赞叹其釉色美轮美奂。"高山云雾霞一朵，烟光空中满天星，峪谷飞瀑兔丝缕，夕阳紫翠忽成岚"，实在是美哉。

元代时，钧窑扩展成为钧窑系，北方许多有名的窑口都传承了这一工艺，但与宋代禹县精品相比还是略微逊色。元代钧窑的造型主要有生活用具盘、碗、罐之类，执壶、梅瓶、三足炉、高足杯等也有一定的数量，也烧制一些大器。与前朝相比，元代钧窑瓷器胎质较为粗糙，釉面光泽性较差，棕眼较多，但是拥有了草原民族所追求的豪迈气息。元代的钧瓷最主要的两种手法是红斑装饰和堆贴花装饰，釉色以月白、天蓝、紫红等色彩交融为主，呈现出了红、蓝、紫色的斑块。

（六）磁州窑

磁州窑，古代北方最大的著名民窑体系，"南有景德，北有彭城"中的"彭城"说的就是磁州窑。磁州窑位于今河北省邯郸市彭城和磁县等地，受邢窑影响，主烧白瓷，兼烧黑、花、青瓷，品种繁多，特色鲜明，造型质朴、挺拔，装饰豪放生动，驰名中外，影响深远。早在4世纪，河北邯郸附近已经开始生产青瓷，到晚唐、五代时有了一定发展，南宋、金元时期有了很大发展，明清时部分产品用于贡御。明洪武年间曹昭《格古要论》最早涉及，其中《古窑器论》提到：磁州窑的优质产品与定窑类似⑤。明万历谢肇淛著《五杂俎》卷十二中⑥、光绪四十二年修《磁州志》中均有说到当时

① 中国硅酸盐学会.中国陶瓷史[M].北京：文物出版社,1982:260.
② 李家治.中国科学技术史·陶瓷卷[M].北京：科学出版社,1998:423.
③ 王睿.钧窑源流述略[J].华夏考古,2019(05):108-112.
④ 文津阁四库全书(第二七七册)[M].台北：台湾商务印书馆,2005:549.
⑤ 景印文渊阁四库全书(第八七一册)[M].台北：台湾商务印书馆,1983:107.
⑤ 秦大树,李凯,郭三娟.磁州窑考古与研究的百年历程[J].文物春秋,2021(06):3-24.

磁州窑的发展规模和当时销售的热闹场景①。

　　元代，磁州窑除传承前期造型之外，新的大型器物增多，造型趋向厚重、硕大。磁州窑常见的产品有盘、碗、罐、瓶、盆、盒等，也有瓷枕、香薰、砚滴、仿古樽、奁等。因磁州窑是民窑，装饰技法未受官府局限，相比官窑在技法装饰上更为自由，对后续的彩瓷发展具有较大影响。《磁州志》中记载，磁州窑的色彩窑变以白地黑花（铁锈花）、刻划花、窑变黑釉最为著名，《磁州志》中有关于色彩的记载非常详细②。许之衡《饮流斋说瓷》中对磁州窑白釉、黑釉、花纹、铁锈花等进行描述③。冯先铭认为，磁州窑的釉下彩是青花瓷器的早期技术来源，磁州窑釉下彩与青花的不同之处在于色彩的呈色金属选择不同④。认为景德镇青花瓷的纹样装饰不仅继承了磁州窑釉下彩绘技法，而且在器型与纹饰方面也有借鉴意义。⑤磁州窑装饰上缠枝纹比较丰富，植物与飞禽、花鸟、虫鱼组合也较多，生活气息浓郁。

　　除上述瓷窑以外，元代还有一些民间瓷窑，在这里就不一一列举了。这些瓷窑是元代景德镇窑的有益补充，为瓷器技艺的传承，为民族文化的交融，做出了不可或缺的贡献。

二、元代景德镇瓷器发展因素

　　元代瓷器的发展与元政府的积极推进是分不开的。经济发展的需要，对外贸易的追求，技术的不断精进、百姓日用生活的需要等均推动了元代瓷器的发展。

　　从经济发展来说，瓷器贸易是元政府重要的抓手。元早期，已经与西域、阿拉伯国家等进行各种丝绸、瓷器、茶叶贸易活动。后来，逐步建设了朝贡制度、驿站制度、官吏制度等，推动了丝绸之路贸易尤其是瓷器贸易的不断发展。在一系列政策的推动下，元代对外贸易有了不断地进步，为经济发展做出了重要贡献，尤其是陶瓷贸易产品对外输出增多，对国内的瓷器手工业发展起到了促进作用。由于瓷器海外贸易的需求，直接促进了景德镇的瓷业生产，景德镇具有了全国瓷器中心的地位。当然，元代瓷器贸易事业的发展，也推动了其他地区的制瓷业发展。东南沿海地区的制瓷业在贸易事业中也崭露头角，产品种类不断丰富，产量也逐步提升，逐步超过了金银器、铜器、漆器、木雕等工艺美术器皿。从宋代的蒋祈《陶记》中可以看出当时的制瓷景象⑥。

①　邯郸陶瓷研究所.谈磁州窑的继承和发扬[J].河北陶瓷,1974(01):43-45.
②　雪生.试论磁州窑的文化现象[J].河北学刊,1998(03):100-105.
③　许之衡.饮流斋说瓷:说窑第二[M].叶喆民,译注.北京:紫禁城出版社,2005:35-36.
④　冯先铭.有关青花瓷器起源的几个问题[J].文物,1980(04):5-9.
⑤　冯先铭.我国陶瓷发展中的几个问题——从中国出土文物展览陶瓷展品谈起[J].文物,1973(07):20-27.
⑥　白焜.宋·蒋祈《陶记》校注[J].景德镇陶瓷,1981(S1):36-52.

中 国 瓷 器 缠 枝 纹 装 饰

元代瓷器贸易的瓷器种类以南方瓷器为主，主要产品有龙泉窑青瓷、景德镇青花瓷、青白瓷及福建地区瓷器。对外贸易路线有两条，一条是陆路丝绸之路，一条是海上丝绸之路。元代瓷器通过这两条路线，大量输出到东亚、东南亚、西亚乃至东非地区。从目前考古来看，从东亚越印度洋，至波斯湾，中东的伊朗、土耳其亦有大量元代瓷器被发现。1976年，朝鲜新安海底沉船是元代瓷器发展的重要例证，船上载有中国瓷器近两万件，均是元代各窑场的大量瓷器产品。这与元朝汪大渊（民间航海家）《岛夷志略》所述情况相符合，说明了当时的瓷器贸易非常发达。

从技术上来说，元代陶瓷技术来源于前朝，但青花、釉里红烧制技术的不断成熟，使得瓷器的纹样色彩不断丰富。没有技术的进步，瓷器纹样的装饰不可能那么精细，色彩层次不可能那么丰富。青花瓷技术在唐代已经出现，但并未有大的进展，宋代更注重一种形制和釉色的美，青花运用得不多。到了元代，青花的色彩满足了元蒙民族、贸易国的精神需求，得到了极大的发展。元代景德镇成熟的青花瓷，不仅供统治阶级使用，而且大量用于出口贸易，对元代的经济发展起到了重要的作用。

从装饰纹样上来说，元代外贸瓷器的发展，肯定是需要瓷器产品的形制和装饰迎合外贸的需要。美国沃尔特·丹妮在《中国青花瓷题材的伊斯兰青花瓷器》一文中说道，15世纪晚期，土耳其王室有收藏中国瓷器的习惯，青花瓷与伊斯兰装饰之间的关系紧密，青花瓷的形态出现在该国的细密画中[①]。这就是当时青花瓷文化的交流体现。陈克伦《略论元代青花瓷器中的伊斯兰文化因素》、英国巴兹尔格雷的《8至15世纪中国艺术中的波斯影响》、王镛《中外美术交流史》等研究中，都明确提出了外来的贸易需求对元朝瓷器装饰风格具有重要的影响，这种贸易需求导致的装饰纹样的变化，实际上是一种跨文化的交流，为世界瓷器艺术的发展做出了重要贡献。

第二节　元代瓷器缠枝纹装饰母题

元代瓷器装饰母题非常丰富，人物、动物、植物、几何等纹样各显特色，其中植物纹样最为丰富。元曲发达，元代瓷器上的人物故事装饰往往以此为主，人物服饰以宋人为主，也有元人形象。几何图形作为瓷器装饰点缀，常常出现在口沿、肩部、足胫部，尤其重点作为不同纹样之间的隔离带。元代瓷器上的动物题材非常丰富，飞禽、走兽、游鱼、飞虫都是常见题材。植物装饰是元青花装饰的重要主题，延续了唐宋以来的绘画形态，主要题材有牡丹、莲花、栀子花、菊花、梅花、卷草、芭蕉、松树等，

---

①　沃尔特·丹尼,赵琳.中国青花瓷题材的伊斯兰青花瓷器[J].南方文物,2010(01):118-123.

其中缠枝莲花纹、缠枝牡丹纹异常丰富。

一、缠枝莲花纹

在我国，早期人类已经会模仿莲花的形态进行装饰。到了商周时期，青铜器上已经有明确的莲花装饰，西周晚期青铜器"梁其壶""颂壶"的器物口子部分就有莲瓣造型的装饰。春秋战国，莲花纹饰、莲花造型就愈加丰富，在陶器、青铜器上装饰运用较多，例如春秋莲鹤方壶就采用莲花的造型。楚国诗人屈原在《离骚》中专门对莲花进行了赞叹。楚国流行丝织物上的茱萸纹中就有莲花纹装饰。秦汉，莲花纹成为瓦当、壁画、画像石（砖）、铜镜等上的重要装饰题材。魏晋南北朝，随着佛教的发展，莲花被视为佛诞生的象征、佛转世的象征或神圣之花，已经成为佛教美术中的重要题材，佛像、器物上均有莲花纹饰。

隋唐五代，莲花纹的本土化寓意开始强烈，宗教内涵逐渐减弱，增加了生活气息。有的莲花纹与佛像、人像结合，装饰范式减弱的趋向明显。唐以后，莲花纹的装饰逐渐从宗教世界里淡化，与现实生活接轨，现实意义得到了加强。例如，莲花纹主题装饰中出现了类似写生的莲荷图案、莲池水禽图案（莲池鸳鸯纹）等。唐代以后，许多纹样表现的高高在上的、幻想的宗教世界逐步和现实接轨，与现实生活的具体事件进行了结合，外来艺术中的装饰元素逐步融入中华民族的传统艺术中。莲花装饰中，莲荷纹与水禽纹结合的纹样增加。从遗存至今的青花瓷鸳鸯莲池图中可以看见，这些装饰画面仿佛不仅仅是一个装饰的纹样，而是一幅美景图，因此，其寄托的含义和现实的装饰韵味显示了唐代独具特色的魅力。这一时期的莲花纹造型逐渐增多，装饰感强烈，象征意义有佛教寓意，有道教意义。融合了莲花纹的新宝相花纹诞生了，这是一种结合了莲花、荷花、牡丹及其他花卉特征的创造性纹样，一直流传至元明清，得到了广泛的传播与发展。

宋代，佛教世俗化，宗教意识逐渐淡化。莲花纹不仅专用于佛教器皿，更多地体现在日常生活器具上。莲花纹饰传统意义中美丽纯洁、生殖崇拜、美好爱情的含义继续得到了发展，生活气息浓郁，而象征宗教意义内涵有所减弱。宋人周敦颐《爱莲说》将莲花比喻成花中君子[①]。莲花成为人格化的"君子"象征，为广大百姓所喜爱，意义更加世俗化。宋代莲花纹饰应用广泛，许多的工艺美术品类例如瓷器、漆器、家具、建筑中处处可见其踪影。宋代五大名瓷上均有莲花装饰，从技法上来说，用刻、用划、用模印较为多见。

元代，莲花纹装饰受游牧文化、西域文化、伊斯兰文化的影响，在瓶、罐、壶、

---

① （清）吴楚材.古文观止补遗[M].上海：上海古籍出版社,2002：202.

碗等上大量装饰莲花、莲瓣、莲叶纹。似乎每个瓷器上，或多或少地会出现莲花的元素，缠枝莲纹、折枝莲、一束莲、莲池纹、八大码、变形莲瓣纹等非常丰富。元代青花瓷的"满池娇"装饰沿袭宋代的"一把莲"或"一束莲"，形成了独具元代特色的鸳鸯莲池纹、白鹭莲池纹。从缠枝莲花纹的构成来说，有的是纯莲瓣构成，有的采用桃形、石榴形、圆形构成花心，花冠的组成形式丰富多样。缠枝莲花纹的叶片与自然界的叶片差距较大，采用的是卷草纹的叶片形态，上下翻转缠绕姿态颇多。元代崇尚植物装饰的观念为缠枝莲花纹的发展提供了契机。

明代，莲花纹在历经佛教文化与世俗文化的互相渗透后，具有了社会主体文化精神的多重特征，从而得到了社会各阶层的广泛认同。莲花作为明代缠枝纹的常用题材，在各类装饰载体中都有广泛运用，例如龙穿莲花、凤穿莲花、缠枝莲托八宝、缠枝莲托梵文等是瓷器的常见装饰题材。明代，莲花和西域西番莲相互结合，西番莲纹得到了很大发展，明代瓷器中，许多具有伊斯兰风格的瓷器例如扁壶、天球瓶和抱月壶等均装饰有此类纹样。当然，日用器具上的莲花纹应用就更加广泛了，加入了世俗意义的莲花纹深受百姓的欢迎。

清代，装饰艺术追求处处"吉祥"，事事"如意"。瓷器莲花装饰愈加向繁密、规整、程式化发展，既具有具象写实的刻画，也有夸张变形的概括，莲花缠枝纹与牡丹、芍药、菊花等结合组成的综合花卉装饰最为丰富，寓意着四季如锦，吉祥如意。此时的莲花与前代有所不同，许多的莲花结构被分解，花蕊特别突出，花瓣成线条状，花瓣的脉络明显加粗，叶片也进行了变形，卷曲更加明显。部分莲花装饰纹样受到一定的巴洛克、洛可可艺术的影响。

二、缠枝牡丹纹

南北朝初期，开始人工培植牡丹花。隋时，牡丹花已经成为重要的观赏花卉。唐代，牡丹培植兴盛，长安、洛阳通过人工培植了重瓣牡丹，花朵大、色彩丰富。从隋唐开始，世人皆爱牡丹，文人们常常写诗歌颂牡丹。艺术来源于生活，人们热爱牡丹，外加生活中大量出现的牡丹，使得陶瓷装饰上牡丹纹饰逐渐丰富。牡丹象征着"富贵、权力、吉祥"，人们因牡丹雍容华贵、国色天香，而将其用于各种器物装饰。唐代中晚期的越窑粉盒、唐三彩牡丹纹盘是最好的例证，主要采用刻花、堆贴、印花等技法，来表现牡丹的花叶形态。

唐代，牡丹纹在植物装饰中具有非常重要的地位，成为装饰界的宠儿。田自秉在《中国工艺美术史》中认为："唐代卷草多以牡丹为主花。"[①]牡丹作为国花，深受唐朝

---

① 田自秉.中国工艺美术史[M].上海：东方出版中心,2009:224.

整个社会的喜爱。唐代牡丹纹的整体风格是崇尚肥壮，花头肥短，复层花瓣，造型饱满，花形丰满，形象多为圆形，花叶组合密集，露地较少。这种崇"肥"的风格与唐代"以肥为美"的风格是一致的。唐代的牡丹花，仍保留着莲花纹的影子，桃心状花蕊，花瓣边缘微微卷起，叶片边缘做了锯齿状处理。唐代折枝牡丹呈团花状，花形饱满，花叶组合密集。折枝牡丹纹样由外向里有多种层次，线条圆润流畅，形态华丽丰满，端庄富有变化，装饰性很强。缠枝牡丹，整体呈波状形态，花冠较丰满，枝叶卷曲流畅，成为当时的程式化题材。

宋代，陶瓷牡丹纹装饰进一步与世俗文化结合，呈现出更加生动、直接的表达方式。在宋代陶瓷装饰中，牡丹纹装饰以刻花、印花为主，越窑、磁州窑均装饰有大量牡丹纹。在纹样表现形式中，牡丹纹会与其他纹饰组合运用，构成凤穿牡丹纹、婴戏牡丹纹、雉鸡牡丹纹、莲花牡丹纹等，寓意富贵绵延、多子多福、万事吉祥等，装饰含义开始日趋生活化。宋代牡丹纹样中纤巧灵动的枝叶穿插自然生动，特别是缠枝牡丹纹花朵与叶片相互穿插，相互缠绕，装饰风格偏向写实，花枝显得纤巧、灵活。

元代，统治阶级重视、喜爱植物装饰，植物纹样到处流行。牡丹花作为国色天香之花卉，寓意富贵，自然受到了社会各阶层的喜爱。元代青花瓷、釉里红、青白瓷等，一般来说，形制硕大、胎体厚重，其中青花瓷装饰中的牡丹纹最多。一般来说，元青花瓷装饰进行分层分部，装饰满密，从色彩上来说，可分为青地白花和白地青花。若牡丹纹作为主纹，大多装饰在罐、盘、瓶的腹部，若作为辅助纹样，大多出现在青花瓷的颈部、肩部、足部等。大部分牡丹纹形态硕大、肥美，花冠姿态正、俯、仰、侧生动多样，花瓣肥厚且边缘皱褶较多，叶片穿梭，枝叶缠绕，形态趋于写实或变体写实。

明代，瓷器转为轻巧洒脱的风格。从装饰色彩技法来说，牡丹纹装饰技法仍以青花为主，釉里红、五彩、素三彩、斗彩等形式的装饰技法也有应用，万历年间的白描勾线青花牡丹纹较有特色。明代瓷器牡丹纹为陶瓷装饰主纹，占据瓷器的主体地位，其他纹饰作为辅助装饰，总体趋于写实、纤细，表现形式更为多样化，分层构图依然是一个大的趋势，但比前朝有所减弱。

清代，陶瓷工艺技术得到了进一步发展，康熙、雍正、乾隆时期，制瓷技术高超，装饰精细华美，成就不凡。牡丹纹的彩色装饰技法一般采用表现更加细腻、逼真的粉彩、珐琅彩，受到世界瞩目。青花、五彩技法装饰逐渐减少，这与统治阶级喜好有关。牡丹纹形态更加写实、色彩鲜艳，花头大而饱满。牡丹纹的构图从程式化转向中国画构图形式，"锦上添花""开光式"构图也愈加丰富。牡丹纹与动物纹的组合较多，吉祥寓意的范围扩大，凤穿牡丹、蝶穿牡丹、雉鸡牡丹等花鸟图案更是丰富许多。

三、缠枝菊花纹

菊花原产于我国，自汉代起广泛种植，发展至明清已拥有几百个品种。菊花，凌霜而开，寓意清雅淡泊、高洁不屈，与梅、兰、竹并称花中四君子。菊花还寓意吉祥长寿。春秋战国，菊花已开始人工栽培。我国古代寒露分为三候，《礼记》中有记载"三候菊有黄华"，最冷的时候菊花迎霜开放。汉代，菊花的药用、食用价值广泛传播，且容易栽培，百姓家家户户都有种植。西晋时已经有记载菊花功用的文章，西晋时期傅玄《菊赋》中就赞叹了菊花。魏晋时期，人们推崇神仙长生思想，菊花具有药用价值，与健康相关，符合长生追求，受到各阶层人们的喜爱。唐代，种植技术改良，菊花已经有黄、紫、白三种颜色。

宋代，菊花种植业不断发展，菊花苗可以当菜食用，菊花可以入药治病，花瓣和花叶可以晾干做成枕头，甚至可以泡成菊花茶、制成菊花酒来饮用。反映到装饰艺术中，随处可见菊花装饰，瓷器中也常常运用刻划、剔花、印花、贴花、剪纸技法表现菊花。宋代龙泉青瓷上主要采用刻花、划花，例如《宋龙泉窑青釉印菊花纹菊花盘》《宋龙泉窑青釉刻花缠枝菊纹石榴尊》等，尤其是龙泉青瓷中不少碗、盘、尊、杯等直接参考菊花花瓣原型来进行造型。磁州窑主要采用剔花装饰技法，其中黑釉剔花较为多见，色彩对比强烈，例如北京故宫博物院收藏的《宋磁州窑白地黑花缠枝花卉纹梅瓶》。吉州窑釉下彩菊花装饰采用绘画、剪纸、贴花的装饰技法，例如江西省新余市博物馆收藏的《南宋吉州窑白釉菊花纹锭形瓷枕》枕身上绘画有菊花纹。

元代，菊花纹装饰得到了进一步的发展，青花、釉里红、青白瓷上均有表现。菊花纹的造型千姿百态，呈现清新秀美的装饰效果。菊花纹作为主纹一般装饰在碗、盘、玉壶春瓶等瓷器的腹部上，作为辅助纹饰主要装饰在碗、盘的口沿或者是瓶、罐的肩部和近足处。元青花菊花装饰，有的将花冠绘画成大花，叶片稀疏；有的简单笔触勾勒，花蕊绘画成网状圆形；有的花瓣形成一个方向的螺旋纹。从生长形态来说，有的花瓣全展，有的含苞欲放，有的半开半合，形态多姿。菊花纹与其他花卉结合较多，与凤凰鸟类装饰组合应用也非常丰富，有的是主体纹饰，有的是辅助纹饰，共同表达美好的愿望，例如《青地白花缠枝莲菊八宝纹大盘》、首都博物馆收藏的《青花菊纹出戟觚》、英国大不列颠博物馆收藏的《青花菊纹玉壶春瓶》等等。

明代，菊花纹在前朝的基础上，呈现出了多样化的装饰技法。瓷器菊花纹的装饰仍以青花为主，在釉上彩、釉下彩装饰均有所发展。明成化斗彩瓷取得了突破性成就，为彩瓷发展开辟了新的道路。明代瓷器菊花纹较少单独出现，一般采用组合形式，松竹菊花纹、山石菊花纹、虫草菊花纹、四季花卉菊花纹、瓜果菊花纹等非常丰富。洪武时期的釉里红菊花纹玉壶春瓶，纹样整体构图饱满，腹部的缠枝菊花纹动态强烈，"S"形主茎、涡形的副茎构成了一种动态的张力美，显示了欣欣向荣的生命力。

清代，菊花纹模仿菊花在自然中的形态，姿态多样，色彩纷呈。从技法上来说，晕染细腻，层次丰富，花瓣细细长长，组成花冠浑圆饱满，可用超级精致来形容。清代瓷器中，康熙、雍正、乾隆时期的粉彩、珐琅彩菊花纹装饰效果最为突出。从瓷器画面效果来看，有的菊花花冠饱满，层层绽放；有的菊花花瓣潇洒，随风起舞；有的墨菊色彩淡雅，生动写实，富有生活情趣。这既是对大自然中菊花的仿生写照，又描绘了时代的精神特征。

四、缠枝宝相花

宝相花，又称"宝花""宝仙花""宝莲花"，又可以认为是佛教之花。 "宝相"一词最早源于魏晋南北朝时期对佛像的形容，意指金光万丈、恢宏、庄严的形象。宝相花最初从印度随佛教一起传入，是在中国莲花的形态基础上构成的。其形态来源于大自然中各类花卉的组合，并非世间真有此花，这是一种创造性的花卉装饰纹样。魏晋时期，植物装饰纹样大发展，宝相花纹装饰逐渐大量流行。宝相花呈现花朵盛开的状态，花冠、蓓蕾、叶子等均可以作为元素组织使用，整体呈现放射性对称状态。

隋唐时期，宝相花应用领域更加广泛，从佛教艺术中逐渐走向世俗，花叶结合，形态优美，姿态万千，具有吉祥宝贵的含义。田自秉在《中国工艺美术史》中认为，唐代及后世宝相花流行广泛，其装饰构图与形态具有较固定的模式，各种花卉与宝相花组合，花瓣基本一致，区别在于花心。赵丰在《中国丝绸通史》中认为，宝相花是一种团窠花卉纹样，融合了各种想象中的花卉因素，花叶虚实结合，造型来源既有外来的忍冬和卷草，也有中亚的葡萄和石榴。唐代宝相花可分为瓣式宝花、蕾式宝花、侧式宝花三种主要形态，花朵构成以某种花卉为主题，比如莲花、菊花、牡丹等，花瓣形态基本保持一致，花心处区别宝相花的母题，通过多种自由组合创造出精美华丽纹饰。唐代瓷器宝相花装饰，初唐多用印花和划花，盛唐多用堆贴和雕塑，罐、壶、瓶的腹部或肩部、瓷盘的中心较为常见。唐三彩中也有宝相花装饰，例如北京故宫博物院《唐三彩宝相花（刻荷莲纹）三足盘》《唐三彩刻划花卉纹盘》、郑州大象陶瓷博物馆《唐三彩宝相花杯》等。

宋代，开始有了明确的宝相花纹记载。李诫《营造法式》卷一二《雕作制度·起突卷叶华》条、卷一四《彩画作制度·五彩遍装》条就有"宝相华"的记载。吴自牧的《梦粱录》卷十八"花之品"一节中列举花品中就包括宝相花，这说明了宝相花在装饰中的重要地位。 陈景沂在《全芳备祖》 前集卷之二十七有赞美宝相花之美。两宋理学发达，文化上追求精致内敛，审美情趣走向世俗化生活。宝相花清丽、规整、简约，应用广泛，建筑、丝织、雕刻等诸多领域均有应用。

元代，宝相花装饰的整体数量减少，从纹样载体的角度来说，丝织物、漆器上比较丰富。相比前朝，在瓷器上的宝相花装饰相对较少。此时的宝相花装饰构成形式呈现较稳定的对称结构，且逐步向平面化、图案化发展，构图饱满，花瓣肥大，显示了趋于粗犷、奔放、豪迈的风格，体现了元朝游牧民族追求的装饰文化之粗犷大气。一般来说，宝相花本身就是一种组合的创造性花卉纹样，元代瓷器的这种组合形式被打散，打散之后作为辅助纹饰装饰。例如北京故宫博物院所藏的《元仿定窑白釉印花碗》，碗中心采用模印的方式进行宝相花装饰，花朵较大，占据了整个中心，有浅浮雕感。

明代，手工业发展迅速，工艺美术水平整体提升，宝相花应用非常广泛，染织、瓷器、建筑、金银器等均有大量装饰，已然成为经典的传统纹样之一。明初，宝相花沿袭前代传统造型与花式，明中后期，佛教八吉祥和宝相花的融合体，称为八宝花。明代宝相花造型对称、多花糅合、层层多变，显示出秀丽、端庄的形态。明代宫廷使用的瓷器中有大量的宝相花装饰纹样，说明宝相花在明代装饰艺术中的地位很高。例如，现收藏于北京故宫博物院的《明成化青花宝相花纹杯》《明万历青花宝相花纹卧足碗》《明龙泉青釉刻缠枝宝相花纹碗》等，均有宝相花装饰，有的装饰在杯、碗、盘的外壁，有的装饰在瓷器的内里中心。

清代，民族文化交融，宝相花纹向更繁缛、更精致的方向发展。从清政府到寻常百姓，人人都追求吉祥寓意，希望生活富足，幸福美满，宝相花装饰具有了更大的发展空间。清代宝相花与其他装饰物的组合更加丰富，有的与各种花卉母题的缠枝纹相互结合，有的与丰收的水果桃子、葡萄，枇杷组合，有的与吉祥的动物飞禽瑞鸟，与寓意长寿的寿字纹、代表福气的万字纹"卍"等。组合形成新的纹样，具有新的含义，受到了广大百姓的欢迎。例如北京故宫博物院的《清康熙青花缠枝宝相花纹炉》《清嘉庆斗彩缠枝宝相花纹碗》《清道光五彩团龙宝相花纹碗》等，宝相花纹与其他主题纹饰结合，工艺精湛，异常美观。

第三节　元代瓷器缠枝莲花纹

元代，景德镇成为全国的瓷器重镇。景德镇烧造了大量的青花瓷，造型有罐、瓶、壶、炉、碗、盘、杯、碟等，缠枝莲花纹是重要的装饰题材之一。元青花瓷装饰中，莲纹表现形态多样，花冠有独特的程式，构图比较严谨，画风繁密工整。元青花缠枝莲花纹主要技法为勾线、晕染，线条柔韧有力，画法豪迈。

一、元代瓷器缠枝莲花纹之花型

元青花瓷莲花纹装饰形态多姿，组合形式多样：有的与凤鸟结合，形成了凤穿莲花纹，寓意吉祥富贵；有的缠枝莲花纹作为青花瓷的某一层进行装饰，寓意福气绵延；有的缠枝莲花纹与石榴纹、钱纹、西番莲纹的花叶组合构成，寓意万事吉祥；有的莲花大朵盛开，有的半开半闭，有的含苞待放，姿态或俯或仰或侧；有的莲花花瓣似云、似叶，有的叶片似花如流云。

表二 莲花纹

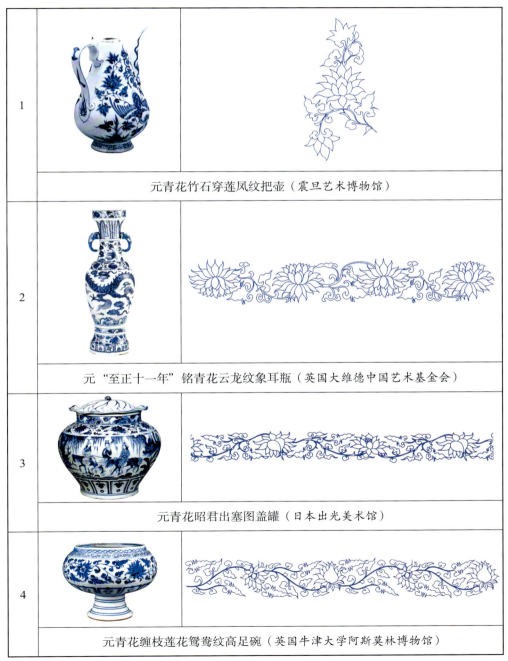

1	元青花竹石穿莲凤纹把壶（震旦艺术博物馆）
2	元"至正十一年"铭青花云龙纹象耳瓶（英国大维德中国艺术基金会）
3	元青花昭君出塞图盖罐（日本出光美术馆）
4	元青花缠枝莲花鸳鸯纹高足碗（英国牛津大学阿斯莫林博物馆）

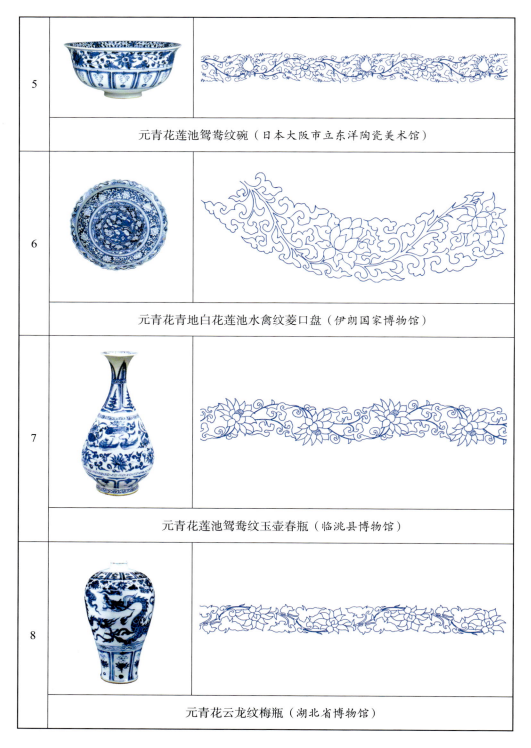

5		
		元青花莲池鸳鸯纹碗（日本大阪市立东洋陶瓷美术馆）
6		
		元青花青地白花莲池水禽纹菱口盘（伊朗国家博物馆）
7		
		元青花莲池鸳鸯纹玉壶春瓶（临洮县博物馆）
8		
		元青花云龙纹梅瓶（湖北省博物馆）

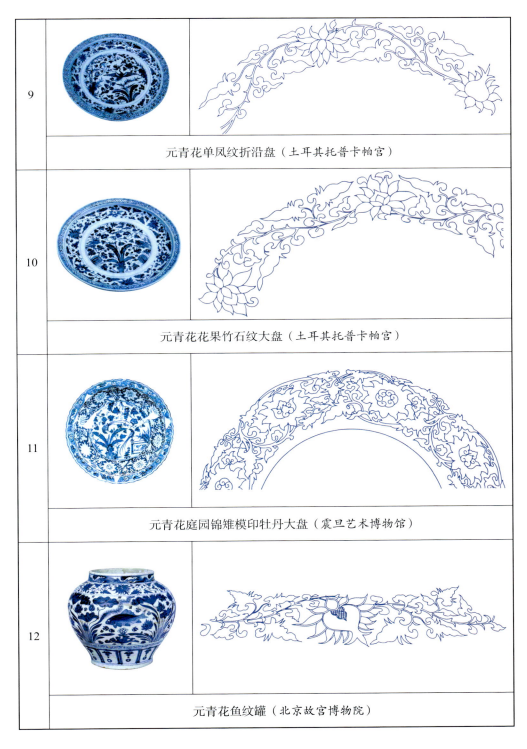

9		元青花单凤纹折沿盘（土耳其托普卡帕宫）
10		元青花花果竹石纹大盘（土耳其托普卡帕宫）
11		元青花庭园锦雉模印牡丹大盘（震旦艺术博物馆）
12		元青花鱼纹罐（北京故宫博物院）

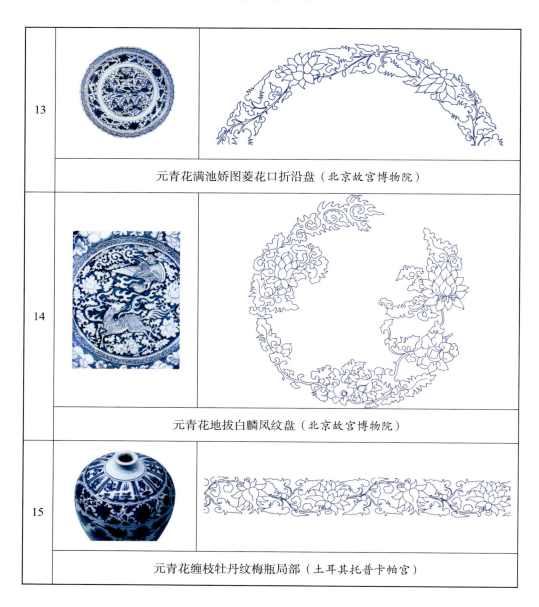

13		
	元青花满池娇图菱花口折沿盘（北京故宫博物院）	
14		
	元青花地拔白麟凤纹盘（北京故宫博物院）	
15		
	元青花缠枝牡丹纹梅瓶局部（土耳其托普卡帕宫）	

二、元代瓷器缠枝莲花纹之花冠

　　元代瓷器莲花纹的花冠形态多样，有的花冠非常厚实，有的花冠比较稀疏。花瓣有多有少，少的16片，多的20多片。从花瓣造型来说，大多白地蓝花的花瓣勾线留白，蓝地白花的为单线勾勒，有的花瓣为蓝色花芯为白色，有的中间花瓣为白色，变化多样。从花蕊来说，有的深藏花中，有的显示突出，有的描绘了现实中的莲蓬，有的为果实造型，有石榴、桃、葫芦等，有的为嫩芽状，寓意不同，就有不同的变化。

表三　莲花纹花冠

1			元青花竹石穿莲凤纹把壶局部（震旦艺术博物馆）
2			元 "至正十一年" 铭青花云龙纹象耳瓶局部（英国大维德中国艺术基金会）
3			元青花昭君出塞图盖罐局部（日本出光美术馆）
4			元青花缠枝莲花鸳鸯纹高足碗局部（英国牛津大学阿斯莫林博物馆）
5			元青花莲池鸳鸯纹碗局部（日本大阪市立东洋陶瓷美术馆）
6			元青花莲池鸳鸯纹碗局部（日本大阪市立东洋陶瓷美术馆）

7			元青花莲池鸳鸯纹碗局部（日本大阪市立东洋陶瓷美术馆）
8			
9			元青花青地白花莲池水禽纹菱口盘局部（伊朗国家博物馆）
10			
11			元青花莲池鸳鸯纹玉壶春瓶局部（临洮县博物馆）
12			元青花莲池鸳鸯纹碗（武威市博物馆）
13			元青花云龙纹梅瓶（湖北省博物馆）
14			元青花青地白花缠枝莲菊八宝纹大盘局部（震旦艺术博物馆）

15			元青花鱼纹罐局部（北京故宫博物院）
16			
17			
18			元青花地拔白麟凤纹盘局部（北京故宫博物院）
19			
20			

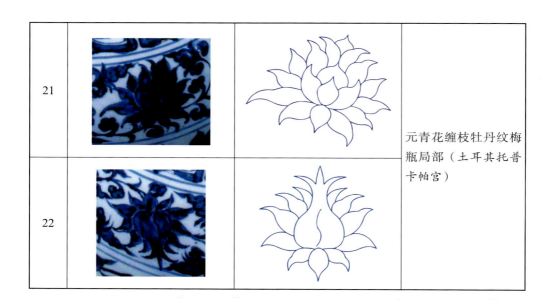

21		
22		

元青花缠枝牡丹纹梅瓶局部（土耳其托普卡帕宫）

第四节　元代瓷器缠枝牡丹纹

中国人认为牡丹雍容华贵，吉祥如意。元代瓷器植物花卉装饰加速了牡丹花卉纹流行的速度和广度。在元代瓷器缠枝纹装饰母题中，牡丹花大量出现，成为中外欢迎的装饰题材。牡丹纹常常与其他的植物装饰在一起用来表现不同的寓意。从花卉组合来说，牡丹与芙蓉寓意"荣华富贵"，牡丹与海棠寓意"光耀门庭"，牡丹与长春花寓意"富贵长春"，牡丹与水仙寓意"神仙富贵"，与"荷花、菊花、梅花"组合寓意"四季长春"……除花卉外，牡丹可以与桃子组合寓意"富贵荣华"，牡丹与松树、寿石组合寓意"富贵长寿"，牡丹花似乎是一种无所不能的富贵之花，开在了所有人的心间。

一、元代瓷器缠枝牡丹纹之花型

元青花瓷缠枝纹牡丹装饰，雍容华贵，组合形式多样。从青花瓷的罐子来说，牡丹纹一般装饰在肩部、腹部。有的作为主要纹饰，花卉较大，牡丹纹为团状，或仰或俯或侧，不管姿态如何变化，团状结构一般不会改变；有的作为辅助纹饰，呈二方连续带状纹样，姿态变化多端，但仍保持团状结构，看上去大气柔和。作为主纹的牡丹花冠较大，叶片较小，作为辅助纹饰的牡丹亦是花大叶小，但是花叶大小较为接近。从元代青花瓷的盘类来说，牡丹缠枝纹一般装饰在盘子的口沿部分，或者是盘外表面，作为辅助纹饰，与其他装饰题材一起组合使用，含义更加丰富。

表四　牡丹纹

1		
	元青花鬼谷子下山图罐（英国 Eskenazi Ltd. 提供）	
2		
	元青花缠枝牡丹凤穿花卉纹兽耳罐（上海博物馆）	
3		
	元青花莲池游鱼纹盘（湖南省博物馆）	
4		
	元青花双凤青花留白菱花口大盘（土耳其托普卡帕宫）	
5		
	元青花留白菱花口大盘（土耳其托普卡帕宫）	

6	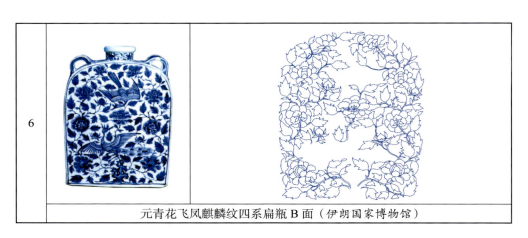
	元青花飞凤麒麟纹四系扁瓶 B 面（伊朗国家博物馆）

二、元代瓷器缠枝牡丹纹花冠

　　元代瓷器牡丹纹的花冠形态多样，总体来说，团状造型为主要形态，花冠饱满，花瓣较多，花瓣的凸起外边缘，呈小花纹状。有的侧面描绘，花瓣层层叠叠；有的背面造型，花萼朝外，花瓣簇拥向后；有的俯视形态，花瓣全展，明媚娇艳；有的含苞待放，花蕊随风微微抖动，意趣盎然。从绘画技法的角度来说，有的勾勒双线，边缘留白；有的色彩渐变，中心浓外缘淡；有的为细线勾勒，蓝地白花，颇为素净；不同的技法，不同的表现风格，体现了创作者不同的心境。

表五　牡丹纹花冠

1		元青花鬼谷子下山图罐局部（英国 Eskenazi Ltd. 提供）
2		
3		

4			
5			元青花缠枝牡丹凤穿花卉纹兽耳罐局部（上海博物馆）
6			
7			
8			元青花莲池游鱼纹盘局部（湖南省博物馆）
9			

10			
11			元青花双凤青花留白菱花口大盘（土耳其托普卡帕宫）
12			
13			元青花留口菱花口大碗（土耳其托普卡帕宫）
14			

元代瓷器缠枝纹鉴赏

1.元 "至正十一年"铭青花云龙纹象耳瓶[①]

　　元 "至正十一年"铭青花云龙纹象耳瓶,瓶为盘口,颈部较长且两侧装饰有象首环耳,腹部较瘦,台足。从形制上来说,此瓶高大魁伟,左瓶高63.4cm,右瓶高 63.5cm。从瓷胎表面来说,色泽洁白透明,青花发色较为浓郁。从装饰纹样来说,从瓶口部至足部共绘有八层纹饰,纹饰满密,从上至下分别是缠枝菊花纹、蕉叶纹、云凤纹、缠枝莲纹、海水云龙纹、海涛波浪纹、缠枝牡丹纹以及杂宝莲瓣纹。瓶上有铭文说明该瓶子原是寺庙供器。现收藏于英国大英博物馆。

---

　①　上海博物馆.幽蓝神采:元代青花瓷器特集[M].上海:上海书画出版社,2012:58-59.

2.元　青花鬼谷子下山图罐①

　　元青花鬼谷子下山图罐，卷唇略微外翻，口较大，颈部较短较直，溜肩较圆，腹部较鼓逐渐往下微微收拢，胫部往里收，足部微撇，圈足。该罐装饰了"鬼谷子下山"故事性纹饰，为元代青花瓷精品代表作。该罐青花纹饰满密，共分为四层，第一层为颈部的海水纹，第二层为肩部的二方连续缠枝牡丹纹，第三层腹部以"鬼谷子下山"的故事人物为主纹，四周环境衬托优美自然，第四层为变形莲瓣纹，内有装饰琛宝纹，又可称之为"八大码"。琛宝的意思为珍宝。八大码，原义为八个莲瓣码放整齐的意思。

　　英国 Eskenazi Ltd. 提供。

①　上海博物馆.幽蓝神采：元代青花瓷器特集[M].上海：上海书画出版社,2012:63-65.

3.元　青花昭君出塞图盖罐①

元青花昭君出塞图盖罐，荷叶形状的盖子，罐口较大，唇口微卷，圆肩鼓腹，胫部收缩，圈足微微外撇。该罐罐身的白釉微微呈现出青色，青花发色纯正，部分青花有晕散、聚釉及铁锈斑等现象。从装饰纹样来看，青花装饰层次丰富，布局满密。该罐颈部装饰为水波纹，第二层为缠枝莲花纹，第三层为"昭君出塞"图，下部的第四层为变形莲瓣纹，并加以剖面花卉纹进行装饰。腹部主题纹饰中，王昭君身着汉装，梳着高髻，怀抱琵琶，骑在一匹白马上，点明了主题。前后各有一胡服女子随行。随行的人物，男女老少，或骑马或行走或摇鞭步行。迎亲的匈奴使节身着胡服，正在迎接王昭君。汉朝送亲的官员头戴毡笠，身着汉装。马上驮着弓弢、包袱、行囊等长途旅行所需用品。画面情景中，山石掩映，树木花草交相映衬，疏密有致，有水墨画的特点。

现藏于日本出光美术馆。

---

① 上海博物馆.幽蓝神采:元代青花瓷器特集[M].上海:上海书画出版社,2012:66-67.

4.元　青花鱼藻纹罐①

　　元青花鱼藻纹罐，造型古朴浑厚，胎体厚重，装饰典雅，线条有力，装饰纹样主次分明。该罐子的瓷质细腻，釉色光亮透明度高，青花发色浓郁略有晕染现象，有些青花浓郁处有铁锈黑斑。整体装饰层次分明，海水纹、缠枝牡丹纹、鱼戏莲池纹、几何纹、变形莲瓣纹依次装饰，画工精致。

　　鱼纹为中国传统吉祥装饰纹样，鱼的生殖能力强，子孙繁盛，因此人们就借用鱼的装饰来寓意多子多孙。"鱼"和"余"读音一样，人们认为鱼象征着富足。鱼纹常与莲、藻、浮萍等植物相搭配，组成各式莲池鱼纹图。

　　现收藏于日本大阪市立东洋陶瓷美术馆。

①　上海博物馆.幽蓝神采:元代青花瓷器特集[M].上海:上海书画出版社,2012:72-73.

5.元　青花缠枝纹牡丹罐①

　　元青花缠枝纹牡丹罐，形制比较规整，体型硕大，造型浑厚敦实，胎体厚重，致密坚硬，纹饰富丽精细。罐身胎色较白显亮，装饰的青花发色蓝中闪紫，部分青花浓郁处有铁锈斑，画工精致细腻。

　　从纹饰装饰来说，主次有序，层次分明，繁而不乱，古朴端庄。第一层口沿处绘以一周海水纹。第二层为肩部，装饰缠枝莲花纹。第三层腹部装饰有六朵缠枝牡丹花纹，呈俯视、侧视状。第四层为二方连续小花纹，第五层为十瓣变形的莲瓣纹。

　　整罐装饰布局繁密，层次丰富，牡丹花朵饱满硕大，仰俯有致，风姿典雅。莲花形态多姿，花冠俯仰有序，青花发色浓郁，深入胎骨，与国画效果并无差别。

　　现收藏于上海博物馆。

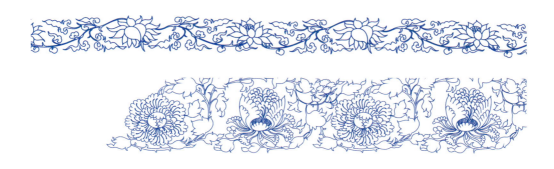

---

① 上海博物馆.幽蓝神采：元代青花瓷器特集［M］.上海：上海书画出版社，2012：74-75.

6.元　青花缠枝牡丹凤穿花卉纹兽耳罐①

　　元青花缠枝牡丹凤穿花卉纹兽耳罐，罐身由多段拼接而成，装饰满密，层次清晰，青花呈色浓艳。该罐子的颈部绘画着二方连续缠枝菊花纹，斜肩处描绘有规整细腻的缠枝莲花纹，腹部的上半部分为凤穿牡丹，描绘了凤凰在花丛中飞舞的美好景象，下腹部装饰缠枝牡丹纹，花冠采用晕染技法，有的盛开，有的半开，枝上有叶，围绕衬托牡丹娇姿。凤穿牡丹是传统吉祥图案，凤凰和牡丹花结合，象征着祥瑞、美好、富贵。

　　现收藏于上海美术馆。

①　上海博物馆.幽蓝神采:元代青花瓷器特集[M].上海:上海书画出版社,2012:76-77.

7.元　青花开光花鸟水禽纹六棱形瓶①

　　元青花开光花鸟水禽纹六棱形瓶，形制规整，装饰满密，采用锦地开光的
形式进行装饰。在颈部以下铺满了缠枝纹，并绘制有开光纹样，颈部与腹部连
接处的开光形状为如意云肩纹，腹部为对称的如意四方纹。

　　开光原意是指开窗，我国工艺美术品中常常运用开光技法进行装饰。开光
的"窗户"形式可以采用各种几何形，也可以采取某种仿生的形态。

　　现收藏于英国剑桥大学费兹威廉博物馆。

① 上海博物馆.幽蓝神采：元代青花瓷器特集[M].上海：上海书画出版社,2012:78-79.

8.元　青花三顾茅庐图带盖梅瓶①

　　元青花三顾茅庐图带盖梅瓶，小口，颈部较短，肩部较圆，圈足较矮。从装饰纹样来看，该梅瓶共有八层纹饰，青花艳丽，画面古朴，人物画有水墨画之风格。盖子的侧面绘制了变形莲瓣纹，内里装饰云纹和圈纹。肩上部装饰了较窄的二方连续卷草纹，肩部主要位置为二方连续缠枝莲花纹，纹样细腻精致，莲瓣双线勾勒，叶片呈动态卷曲。

　　梅瓶腹部"三顾茅庐"画面描绘了主角诸葛亮，其为三国时期蜀汉丞相，是杰出的政治家、军事家，正在茅庐之内看书，神态自若。刘备身穿便服，正在向诸葛亮躬身施礼，邀请其出山。关羽、张飞身带佩剑立于刘备之后。茅庐外，童子正在清扫庭院。茅庐旁边种植着松柏、花草等，烘托出了整体的氛围。

　　现收藏于美国波士顿艺术博物馆。

---

①　上海博物馆.幽蓝神采:元代青花瓷器特集[M].上海:上海书画出版社,2012:80-81.

9.元　青花缠枝牡丹云肩纹梅瓶^①

　　元青花缠枝牡丹云肩纹梅瓶，唇口外卷，颈部较短，瓶肩圆润缓坡，鼓腹微微向下收拢，足部微微外撇，圈足较浅。从器型上来看，该瓶比较饱满丰润，如美人玉立，曲线优美，臻美之态弥足珍贵。该梅瓶通体以青花描绘纹饰，纹饰主次分明，不同纹饰间以二方连续卷草纹相隔，自上而下层次分明。圆肩向下绘制了如意云肩纹，腹部装饰有牡丹纹，画工细腻，牡丹一仰一俯娇艳盛开。足胫部装饰有变形莲瓣纹，内里细线勾勒边框，绘制朵云纹，并加饰圆圈。

　　云肩纹又称"如意云"，这是一种卷云纹、如意纹相互结合的纹样。若是装饰在瓷器的肩部，称之为云肩纹。在瓷器的碗、盘器物的中间，也有装饰类似的如意云纹，称之为"垂云纹"。在其他工艺美术制品中也经常应用，增加韵律美感。

　　现收藏于上海博物馆。

---

①　上海博物馆.幽蓝神采：元代青花瓷器特集[M].上海：上海书画出版社,2012：82-83.

10.元　青花缠枝牡丹纹梅瓶①

　　元青花缠枝牡丹纹梅瓶，小口，圆肩，溜腹，胫部略微收缩。该梅瓶通体装饰青花，自上而下共分五层，层次分明，疏密有致。第一层肩部绘制变形莲瓣纹，俗称"八大码"，里面装饰杂宝纹；第二层是缠枝莲花纹，枝繁叶茂；第三层腹部的牡丹采用俯视、侧视的角度描绘大朵盛开，枝蔓蜷曲缠绕；第四层足胫处绘变形莲瓣纹，莲瓣之间留有空隙，莲瓣内装饰莲花纹，并加饰圆圈，这是元青花足胫部常见装饰模式。

　　现收藏于上海博物馆。

---

①　上海博物馆.幽蓝神采:元代青花瓷器特集[M].上海:上海书画出版社,2012:84-85.

11.元　青花缠枝牡丹纹梅瓶^①

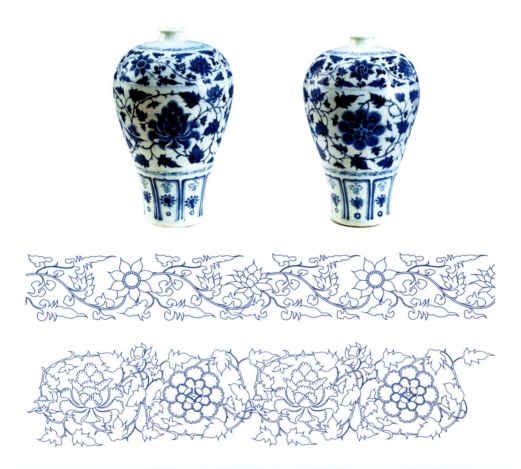

　　元青花缠枝牡丹纹梅瓶，器身装饰有五层青花纹样，第一层为肩部的缠枝卷草纹；第二层为肩下部的缠枝莲花纹；第三层为腹部盛开的缠枝牡丹花，花大叶小，雍容华贵；第四层用较窄的缠枝卷草纹作为腹部与胫部的分割线；第五层为胫部的变形莲瓣纹，里面装饰有卷云纹、圈纹、莲花纹。

　　现收藏于上海博物馆。

---

①　上海博物馆.幽蓝神采：元代青花瓷器特集［M］.上海：上海书画出版社，2012：86-87.

12.元 青花云肩水波莲花纹玉壶春瓶①

元青花云肩水波莲花纹玉壶春瓶，装饰有八层青花纹样。第一层叶纹，形似芭蕉，第二层、第六层、第八层为间隔的二方连续回形纹；第三层为变形莲瓣纹填饰涡旋纹；第四层为二方连续缠枝卷草纹；第五层云肩纹，内部填满海水纹，中间绘制一朵莲花纹；第七层为变形莲瓣纹，内里装饰涡旋纹，仿佛微风吹过，有旋转的速度感。

玉壶春瓶与梅瓶、赏瓶称为"瓶中三宝"，是瓷器造型中最具美感之瓶。宋代玉壶春瓶造型，集审美大成者也。历朝历代的人们喜欢根据这些瓶子的造型进行创新，延续此类造型之态，当然在细微处会有一些变化，例如从宋代到清代，瓶子的颈部逐渐缩短，腹部逐渐增圆加大，但依然是摆设、观赏瓶中的重要类型。

现收藏于美国波士顿艺术博物馆。

① 上海博物馆.幽蓝神采：元代青花瓷器特集[M].上海：上海书画出版社,2012：88-89.

13.元　青花缠枝菊花纹玉壶春瓶①

　　元青花缠枝菊花纹玉壶春瓶，喇叭形撇口，颈部较细收缩，垂腹略鼓，下腹收起，圈足外撇。该瓶通体装饰青花缠枝菊花纹，从口沿下直至瓶底，圈足为卷草纹。菊花本就是传统名花，其长寿之义、君子之名、功用之多，人人爱之。

　　玉壶春瓶又称玉壶赏瓶，由唐代寺院净水瓶造型演变而来。玉壶春瓶是古代形制美瓶，从寺院净水瓶到家喻户晓的观赏瓶，颈部的收缩细小与腹部的圆润形成对比，呈现水滴形圆状垂腹，具有视觉对比之美。

　　现收藏于英国大英博物馆。

① 上海博物馆.幽蓝神采：元代青花瓷器特集［M］.上海：上海书画出版社，2012：91.

14.元　青花缠枝牡丹纹器座①

　　元青花缠枝牡丹纹器座，宽口径，口沿部向外突出，颈部短且向里收缩，腹部微微鼓起有镂空，圈足外撇。该器座高 16.5cm，口径 25.5cm，底径 23.8cm。器座浑身装饰青花，发色浓郁，釉面光亮。该器座是某件瓷器的底座，应该是一个可以加热的底座。
　　现收藏于青海省博物馆。

---

①　上海博物馆.幽蓝神采：元代青花瓷器特集[M].上海：上海书画出版社,2012:95.

15.元 青花缠枝莲花杂宝纹蒙古包^①

① 上海博物馆.幽蓝神采:元代青花瓷器特集[M].上海:上海书画出版社,2012:96-97.

　　元青花缠枝莲花杂宝纹蒙古包，形制呈半球形，像蒙古包，下部有变形莲瓣纹镂空。该元青花蒙古包釉料较厚，釉色白中泛青，内里不施釉。青花满密装饰，蒙古包顶部中心装饰有仙鹤云纹，向下分成四层纹样，缠枝菊花纹、缠枝莲花纹、海涛纹、杂宝纹，纹饰精美，画工细腻。仙鹤云纹、缠枝菊花纹、缠枝莲花纹为青地白花，装饰题材体现了多种文化的融合，是我国与各国文化交流的历史见证。

　　该器物是 20 世纪 70 年代在苏联伏尔加河沿岸考古出土，目前仅发现这一件，连相似之物都非常罕见。从目前专家考证推测看，有可能是蒙古族贵族御用之物或者玩乐骰子的器具。

　　现收藏于俄罗斯艾尔米塔什博物馆。

16.元　青花人物杂宝纹六棱形盖盒①

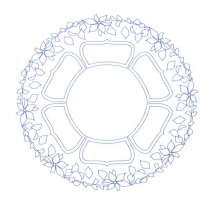

元青花人物杂宝纹六棱形盖盒，子母口，呈六棱花瓣形状，造型精致。

盖盒表面绘制道教人物，人物左边是竹子，人物右边为灵芝，人物头顶上部为云纹。猜测该人物为八仙中的钟汉离。盖面的外圈为八宝纹，侧面外部有一圈缠枝卷草纹装饰。纹样呈色蓝中带灰，笔触线条流畅随意，颇有特色。

现收藏于英国大英博物馆。

① 　上海博物馆.幽蓝神采：元代青花瓷器特集[M].上海：上海书画出版社,2012:98-99.

17.元　青花缠枝莲花鸳鸯纹高足碗①

元青花缠枝莲花鸳鸯纹高足碗，青花满密，发色纯正，纹样细腻秀丽。该高足碗里外都装饰有青花纹样，外表从上至下装饰有四叶钱纹、卷草纹、缠枝莲花纹、变形莲瓣纹、几何纹、弦纹等。碗内里装饰有莲池鸳鸯纹。

莲池鸳鸯纹始见于宋，表现了江南水乡莲池中鸳鸯嬉戏的场景。鸳鸯是传统吉祥鸟类，《诗经》中有多首诗歌进行了描绘。

现收藏于英国牛津大学阿斯莫林博物馆。

---

① 　上海博物馆.幽蓝神采:元代青花瓷器特集[M].上海:上海书画出版社,2012:100-101.

18.元　青花云龙纹高足碗[①]

高足碗，又称靶碗。这种碗的足部很高，一般为空心，有的封底，有的不封底。高足碗在很多窑口都有烧制，元代龙泉窑、景德镇窑烧造数量最大。该高足碗外饰龙纹，迎风飞舞，龙须飘动，姿态生动。内部口沿外翻处装饰有二方连续卷草纹，内底是佛教八吉祥中的海螺图。高足表面装饰有三条粗细不同的动态线纹，显得飘逸潇洒。

海螺，是佛教八吉祥图案之一，也可以称呼为法螺。海螺声声震四方，象征着佛音远扬，寓意着带给人们和平祥和。民间海螺也有可以使人名声显赫的意思。在元青花装饰中数量比较多。

现收藏于上海博物馆。

---

①　上海博物馆.幽蓝神采：元代青花瓷器特集［M］.上海：上海书画出版社，2012：102-103.

19.元　青花莲池鸳鸯纹碗[①]

　　元青花莲池鸳鸯纹碗，撇口，弧壁，腹部较深，圈足微微外撇。碗内纹饰分为两部分，中间碗底为莲池鸳鸯纹。元青花中莲池鸳鸯纹装饰较多，一般在碗、盘的中间。该莲池鸳鸯纹中心为一对面对面的鸳鸯，羽毛绘制得非常精细。外围为四组莲花纹，水草丰茂。青花发色浓郁，绘画精致细腻。碗的内口沿处有一圈缠枝花纹，装饰母题为六瓣花卉，花瓣略有动态，叶片迎风微微舞动，非常生动自然。碗的外壁绘制有缠枝牡丹纹、变形莲瓣纹，绘画细腻精致。

　　现收藏于日本大阪市立东洋陶瓷美术馆。

①　上海博物馆.幽蓝神采:元代青花瓷器特集[M].上海:上海书画出版社,2012:104-105.

20.元　青地白花缠枝花卉纹菱口盘①

元青地白花缠枝花卉纹菱口盘，采用"白地青花"和"青地白花"装饰形式。白地青花一般出现在大型的器物上，如大盘、大罐等。盘沿为白地青花，盘壁和盘心采用青地白花进行装饰。该盘装饰风格满密，层次丰富，画工细腻，具体有单独纹样牡丹纹、二方连续缠枝菊花纹、缠枝卷草纹、西番莲花缠枝纹、海水波涛纹。每一个主题纹饰之间都间隔着变形莲瓣纹、弦纹等，层次分明。

现收藏于英国大英博物馆。

① 上海博物馆.幽蓝神采：元代青花瓷器特集[M].上海：上海书画出版社，2012：106-107.

中国瓷器缠枝纹装饰

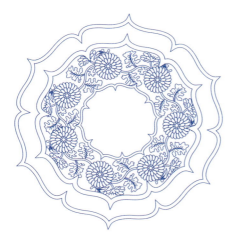

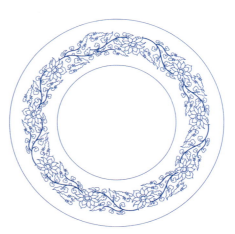

21.元　青花雉鸡竹石花果纹盘①

 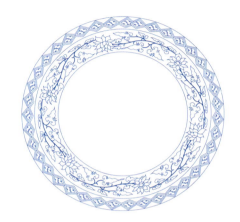

　　雉鸡竹石花果纹，是瓷器装饰中比较常见的纹饰，该类装饰纹样一般寓意着高洁的品质。雉鸡，很难圈养，常用来比喻"士人"品质②。我国古代士人之间互相拜访，常常会用雉鸡作为礼物，以寓意高洁之士。竹石，象征着顽强又执着的品质，常用来赞美士人坚韧顽强，刚正不阿、正直不屈的骨气。除此之外，盘内还装饰有葡萄、竹石、夕颜等，显得郁郁葱葱，生机勃勃。

　　现收藏于英国维多利亚与阿尔伯特博物馆。

---

① 上海博物馆.幽蓝神采：元代青花瓷器特集［M］.上海：上海书画出版社,2012：109.
② 《白虎通》卷七："士以雉为挚者,取其不可诱之以食,慑之以威,必死不可生畜,士行威守节死义,不当转移也。"

22.元 青地白花如意花卉纹盘[①]

元青地白花如意花卉纹盘，该盘采用"青地白花"装饰形式，纹饰满密，盘内用两圈白色弦纹作为间隔。盘中心用三层如意云纹进行间隔装饰，每层为六个如意云纹，装饰有佛教八宝吉祥纹、牡丹纹、菊花纹等，装饰满密，盘外壁装饰有缠枝莲花纹。青花发色浓郁，绘制细腻精致，工艺性非常强。

传说，最早的"如意"是个挠痒痒的工具，一尺来长，头部为手掌的形状，用来挠背部的痒痒，让人感到舒服和惬意。后来，与云纹、灵芝结合，形成了独特的如意云朵纹，象征着事事如意的好兆头，广泛应用在器物装饰上，受到广大百姓的喜爱。

现收藏于英国维多利亚与阿尔伯特博物馆。

---

① 上海博物馆.幽蓝神采：元代青花瓷器特集[M].上海：上海书画出版社,2012：110-111.

23. 元　青地白花缠枝花卉纹菱口盘[①]

　　青地白花缠枝花卉纹菱口盘，盘内装饰分为五层，最中间为变形莲瓣纹，均等分成六瓣。莲瓣纹的外轮廓两边到拐角处直接变成直线，交叉形成等腰三角形。莲瓣中间装饰有钱纹、海螺纹、方胜纹、花卉纹等。装饰色彩采用白地青花和青地白花相结合。第二层装饰有缠枝莲花纹，有俯、有侧、有仰，能够看见其花蕊和花瓣上的脉络。叶片更是别具特色，呈对称状，叶柄处的叶须分成 3～4 道，最靠近叶柄的为云状叶纹，叶尖处呈现随风舞动的曲线叶纹。第三层为海水纹，绘制细腻精致。第四层为缠枝牡丹纹，花卉形态多姿，叶片宽厚有力。第五层为盘的口沿处的海水纹，与盘沿的变形莲瓣花纹轮廓浑然一体。盘外壁装饰有一圈缠枝莲花纹。

　　现收藏于日本大阪市立东洋陶瓷美术馆。

① 　上海博物馆.幽蓝神采：元代青花瓷器特集[M].上海：上海书画出版社，2012：112-113.

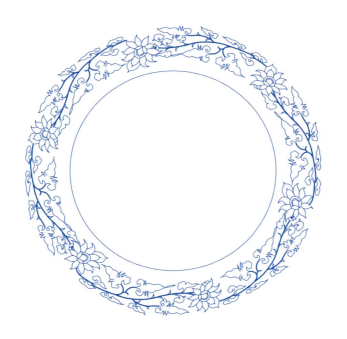

24.元　青花蕉叶瓜果竹石印花缠枝牡丹纹菱口盘[①]

　　元青花蕉叶瓜果竹石印花缠枝牡丹纹菱口盘，装饰满密，盘中心采用白地蓝花，盘四周及沿口为蓝地白花。该菱口盘内壁为蕉叶瓜果竹石装饰，笔触自由潇洒，藤蔓自由缠绕，花草果木繁盛，显示了勃勃生机。从中间向外第二层为蓝地白花牡丹缠枝纹，第三层盘沿口为小百花缠枝纹。盘外壁为一圈缠枝莲花纹。

　　蕉叶，是指芭蕉的叶子。蕉叶纹特指以蕉叶图样为原型的装饰纹样。最早在商周时期青铜器上进行装饰，宋代开始瓷器中逐渐增多，瓶、罐等颈部或底部装饰较多，元明清瓷器上为常见辅助纹饰。蕉叶纹一般作为辅助纹饰，形成带状。该菱口盘中间为写生式芭蕉树，笔法生动，形态生动，颇有韵味。

　　现收藏于上海博物馆。

---

①　上海博物馆.幽蓝神采：元代青花瓷器特集[M].上海：上海书画出版社，2012：114-115.

25.元　青花莲池杂宝纹莲瓣形盘①

　　元青花莲池杂宝纹莲瓣形盘，造型非常有特色，用仿生莲花瓣的形式组合成盘子。瓷质较细腻，釉色透明光亮，衬托青花秀气典雅。该盘子造型别致，纹饰疏朗有致，以变形莲瓣纹为主要造型，盘子中间为莲池小景，四周分为八瓣莲花花瓣，每个花瓣上装饰吉祥八宝，寓意吉祥如意。

　　现收藏于上海博物馆。

①　上海博物馆.幽蓝神采:元代青花瓷器特集[M].上海:上海书画出版社,2012:116-117.

26.元　青花凤凰瑞兽穿花纹四系扁方壶①

　　元青花凤凰瑞兽穿花纹四系扁方壶，器身呈扁长方形，口部较小，卷唇外翻，颈部较短，溜肩向下，两肩各塑一条弧形，可系绳子方便提携。下部微微往内收，平底椭圆形浅凹足，露胎砂底。胎釉白润，通体青花装饰，该壶的颈部装饰二方连续花卉纹，腹部一面装饰有凤凰瑞兽穿缠枝莲花纹，一面装饰为雌雄孔雀穿缠枝牡丹纹。壶的侧面上部装饰三道弯如意云纹，下面为缠枝菊花纹。壶的肩部四角圆弧，两侧各装饰有两条螭龙为系。扁方壶整体装饰疏密有致，纹样绘制精致细腻，青花色泽浓艳明快，堪称青花装饰中的经典之作。

　　凤凰为飞禽之首，麒麟为走兽之尊。凤凰和麒麟是吉祥之宝、权贵象征、太平之象。牡丹乃百花之王，凤穿牡丹常用于青花瓷器装饰，象征着祥瑞、美好、富贵。

　　现收藏于伊朗国家博物馆。

---

①　上海博物馆.幽蓝神采：元代青花瓷器特集[M].上海：上海书画出版社，2012：120-121.

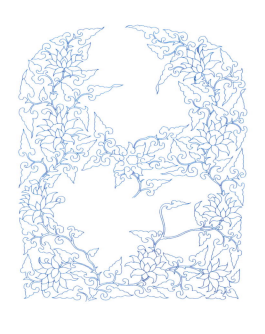

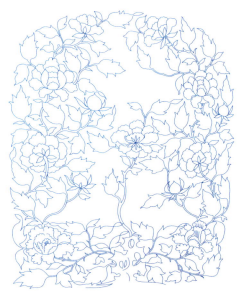

27.元　青花缠枝牡丹瑞兽纹双耳罐①

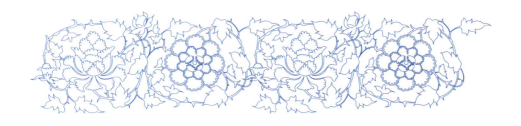

　　元青花缠枝牡丹瑞兽纹双耳罐，造型端庄厚重，口为盘口，装饰二方连续花瓣纹，溜肩上装饰有回首龙形双耳，纹饰繁密层叠。罐体颈部绘制海水纹，肩部为瑞兽纹。罐体腹部的缠枝牡丹花绘制风格较为厚重细腻，花形或盛大开放或含苞欲放，韵味十足，枝条纤细有劲，叶片尖头有锋利感，有随风舞动的动感。

　　现收藏于伊朗国家博物馆。

---

①　上海博物馆.幽蓝神采：元代青花瓷器特集［M］.上海：上海书画出版社，2012：123.

28.元　青花青地白花孔雀牡丹纹碗①

　　元青花青地白花孔雀牡丹纹碗，造型厚重，口大微微收起，器壁为圆弧形向下渐收，
圈足较高并外撇。碗内中心为圆形开光海水、四朵变形花卉纹。中心向外第二圈为孔雀
牡丹纹，一对孔雀在牡丹花中间穿梭飞翔，寓意富贵吉祥。第三圈为缠枝四季花卉，有
莲花纹、牡丹纹、菊花纹、太阳花纹等。第四层为变形莲瓣纹，里面装饰各种花卉。碗
的外表装饰共有五层，口沿处为海水纹，中间腹部为青地白花缠枝牡丹纹，或全盛开俯
视或半开半闭。第四层为一圈缠枝卷草纹，胫部装饰有变形莲瓣纹。其中一莲瓣处的釉
上刻有阿拉伯文，为伊朗国王阿斯巴·萨非的名字。

　　该碗属于高足敛口钵式碗，形制借鉴中东的陶器、金属器造型，在元代藏品中并不
多见，白地青花和青地白花相互穿插组合。碗内纹样采用进口的苏麻离青，纹样设计整
体风格属于中国风，是元代景德镇官窑根据中东地区的审美要求烧制的器皿。

　　现收藏于伊朗国家博物馆。

---

　①　上海博物馆.幽蓝神采:元代青花瓷器特集[M].上海:上海书画出版社,2012:126-127.

29.元 青花波涛龙纹盘①

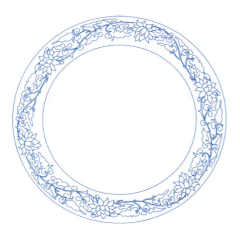

龙，是中华民族最具代表性的文化象征之一。元代的龙纹具有凶猛野性之美。头部相对身体较小，龙头上有鹿角，口张开，上颚较大且前凸上翘，露齿吐舌，下颚有飘须，颈部较细。元代常见的龙纹有腋毛或者腿毛，二至四根不等。腋毛带状，宽而长，随风飘动。龙爪数量有三、四、五爪，三爪居多，爪子有锋利的指甲，看起来强劲有力。元青花波涛龙纹盘的盘中心绘制的龙纹粗犷豪放，刚劲有力，线条流畅。龙纹四周围绕着云气纹，有腾云驾雾之感。

现收藏于伊朗国家博物馆。

① 上海博物馆.幽蓝神采：元代青花瓷器特集［M］.上海：上海书画出版社，2012：128-129.

30. 元 青花莲池鸳鸯纹盘①

元代瓷器中的莲池鸳鸯纹非常常见，该纹饰取材于民间美好的祝福，鸳鸯寓意着美好的爱情，这是广大民众喜闻乐见的题材之一。

元青花莲池鸳鸯纹盘的中心装饰"莲池鸳鸯纹"较为写实，与"一束莲"的装饰风格有一定的区别。该莲池鸳鸯纹位于盘子的中间位置，共绘制四组莲花，基本呈对称形态，左右细节略有差异。鸳鸯位于盘子的中间，在四组莲花的中间，一左一右，相互对望，生动有趣。莲花水草肆意生长，草木丰盛，颇有江南水景的韵味。

现收藏于伊朗国家博物馆。

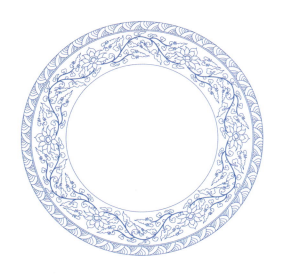

① 上海博物馆.幽蓝神采:元代青花瓷器特集[M].上海:上海书画出版社,2012:130-131.

31.元　青地白花莲池水禽纹菱口盘①

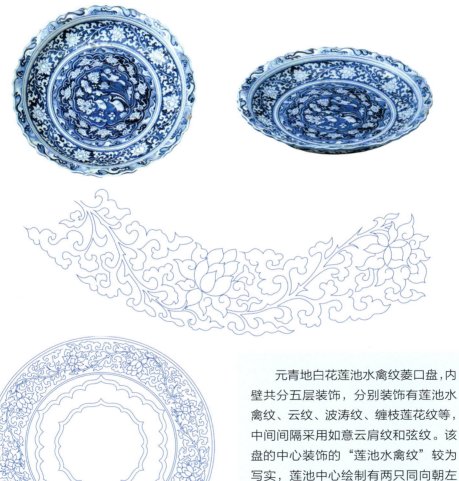

　　元青地白花莲池水禽纹菱口盘，内壁共分五层装饰，分别装饰有莲池水禽纹、云纹、波涛纹、缠枝莲花纹等，中间间隔采用如意云肩纹和弦纹。该盘的中心装饰的"莲池水禽纹"较为写实，莲池中心绘制有两只同向朝左的水鸟，莲池的左上部位是莲花、莲叶纹。水鸟似乎正在觅食，生动自然。现收藏于伊朗国家博物馆。

① 上海博物馆.幽蓝神采：元代青花瓷器特集[M].上海：上海书画出版社，2012：132-133.

32.元　青地白花凤凰穿花纹菱口盘①

元青地白花凤凰穿花纹菱口盘，
该盘的折沿有十六个菱花式花瓣，弧
腹微微鼓起，圈足较浅。该碗青花纹
饰满密繁缛，最中心装饰有折枝莲花
纹，外围有八瓣变形莲花纹内饰杂宝
纹。第二层装饰有凤穿花卉纹，两对
凤凰随风舞动，穿梭于花叶间。第三
层为海水纹，卷起的浪花形成二方连
续纹样。第四层为缠枝牡丹纹，枝叶
扭动，很是生动。第五层为沿口海
水纹，与盘沿的变形莲瓣纹轮廓融为
一体。

现收藏于伊朗国家博物馆。

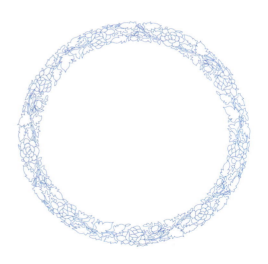

---

①　上海博物馆.幽蓝神采：元代青花瓷器特集［M］.上海：上海书画出版社,2012：134-135.

33.元　青花蕉叶瓜果飞凤纹菱口盘[①]

　　元青花蕉叶瓜果飞凤纹菱口盘，盘内里装饰共分为三层，最中心的是凤凰、芭蕉、瓜果、竹石、夕颜等。此类蕉叶瓜果竹石装饰在元青花盘中比较常见，既表达了以物喻人的思想，赞赏君子品格，又带有轻松的庭园风格，使人放松愉悦。第二层是青地白花，对比盘中心色彩较为淡雅。第三层是青地白花二方连续缠枝花卉纹。盘沿为变形莲瓣纹轮廓，留白一圈，非常清爽。

　　现收藏于伊朗国家博物馆。

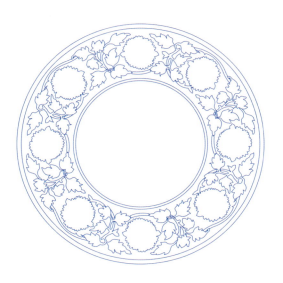

①　上海博物馆.幽蓝神采：元代青花瓷器特集[M].上海：上海书画出版社,2012：136-137.

34.元 青花莲池鸳鸯纹玉壶春瓶[①]

　　元青花莲池鸳鸯纹玉壶春瓶，造型经典，口沿外撇，颈部中间收拢较细，腹部较圆下垂，圈足略微外撇。元朝时玉壶春瓶比较多见，造型沿袭宋代。该玉壶春瓶颈部装饰有叶纹、变形莲瓣纹，莲瓣纹里面装饰有上升状云纹。腹部装饰有卷草纹、莲池鸳鸯纹、缠枝莲花纹等，描绘精致细腻，青花发色纯正，层次感强。足胫部有变形莲瓣纹、卷草纹。
　　现收藏于甘肃省临洮县博物馆。

① 上海博物馆.幽蓝神采：元代青花瓷器特集［M］.上海：上海书画出版社，2012：144-145.

35.元 青花双凤纹匜^①

匜，是我国古代的礼器，为招待客人盥洗用。匜的形状类似瓢，有时候与盘一起组合使用，匜用来倒水，盘子用来承接。元代，各种质地的匜形器物突然增多，景德镇窑、龙泉窑、钧窑均有生产。

元青花双凤纹匜，该匜的内里中间装饰有一对凤凰，周围装饰有缠枝菊花纹。匜外装饰有变形莲瓣纹，匜柄外装饰有小朵云纹。

现收藏于甘肃省临洮县博物馆。

① 上海博物馆.幽蓝神采:元代青花瓷器特集[M].上海:上海书画出版社,2012:146-147.

36.元　青花莲池鸳鸯纹碗[①]

　　元青花莲池鸳鸯纹碗，造型端庄典雅，碗口微敞，弧壁微微向下斜，至胫部收拢至碗底，有圈足。该碗的口沿处有一圈二方连续缠枝卷草纹，碗底中心为莲池鸳鸯纹，画风大胆泼辣，青花发色浓郁，碗的外部装饰有缠枝莲花纹、变形莲瓣纹、云纹等，足部无青花。

　　现收藏于甘肃省武威市博物馆。

---

①　上海博物馆.幽蓝神采：元代青花瓷器特集[M].上海：上海书画出版社,2012:148-149.

37.元　青花昭君出塞图高足杯①

元青花昭君出塞图高足杯，杯子内里中心绘制昭君出塞图，画面中王昭君坐在马上，手持琵琶正在弹奏。杯子的口沿处装饰有一圈缠枝卷草纹，杯外壁有缠枝花卉纹，花叶均较大厚实。元青花中人物装饰并不多见，此为汉代中外交流史上的历史人物王昭君，与元曲《昭君出塞（昭君和番）》相对应。

现收藏于甘肃省武威市博物馆。

---

①　上海博物馆.幽蓝神采：元代青花瓷器特集［M］.上海：上海书画出版社，2012：150-151.

38. 元　青花云肩云龙纹罐①

　　元青花云肩云龙纹罐，造型厚重，青花纹饰绘制精美，共有七层。第一层、第二层为缠枝卷草纹。第三层为颈下部的变形莲瓣纹，内饰单独直立的卷草纹。第四层为肩部的六个云肩纹，三个一面，云肩纹为双层勾线，内饰有缠枝菊花纹。第五层为下腹部的龙纹，龙象征着祥瑞，象征着权力。第六层为间隔的缠枝卷草纹，起到间隔足部的作用。第七层为胫部，装饰有变形莲瓣纹，镂空勾线形式，莲瓣尖尖的下部装饰有下垂的云纹。

　　现收藏于美国波士顿艺术博物馆。

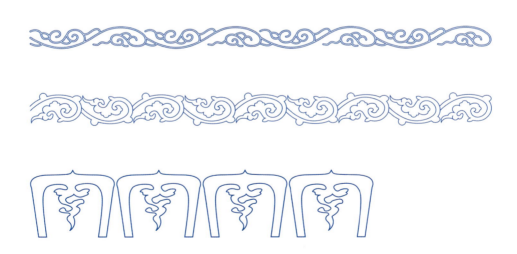

---

①　上海博物馆.幽蓝神采：元代青花瓷器特集［M］.上海：上海书画出版社，2012：153.

39.元　青花莲池鸳鸯纹套盒^①

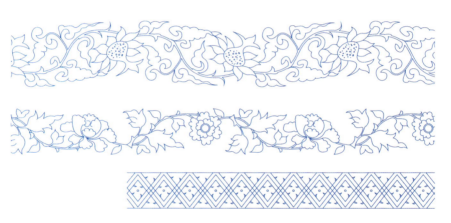

　　元青花莲池鸳鸯纹套盒，是存放食物的用具，外表看分为四层，实际是二层的子母口盒，形制呈八棱立体柱形，盖面略隆，盖边微微凸起成八瓣莲瓣形状。该套盒色泽艳丽，局部浓艳处有铁斑黑疵，装饰繁复满密。第一层盖面为莲池鸳鸯纹，肩部莲瓣纹内分别装饰有牡丹、莲花、菊花等八种不同的折枝花卉，盖边沿为一周锦地纹。上部的盒底上装饰有缠枝牡丹纹。第二层盒身上绘制梅兰竹菊"四君子"图案。盒底上绘制不同母题的缠枝花卉纹。盒底足部立面装饰有变形莲瓣纹，内饰火珠纹。

　　现收藏于上海博物馆。

① 　上海博物馆.幽蓝神采：元代青花瓷器特集［M］.上海：上海书画出版社，2012：156-157.

40.元　青花串枝菊花纹执壶①

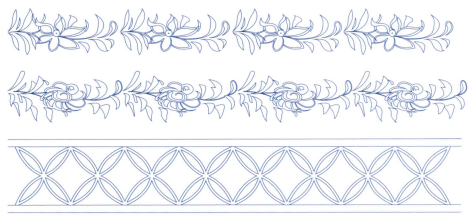

元青花串枝菊花纹执壶，从胎质来说瓷质较细腻，遍体白釉，釉色略微青中泛白。壶身为葫芦形，造型对称平衡，一侧有弯曲的流口，另一侧是把手。该装饰的青色原料为国产青料，分成三层装饰，钱纹、几何锦地花纹、串枝花纹，线条比较随意，显得潇洒自然。

现收藏于上海博物馆。

---

①　上海博物馆.幽蓝神采：元代青花瓷器特集[M].上海：上海书画出版社,2012:159.

41.元 青花串枝菊花纹罐①

元青花串枝菊花纹罐，直口，短颈、圆腹、平底。盖子为荷叶状，有钮，绘制荷叶经脉。罐身青白色釉，肩部绘制卷草纹，腹部有菊花缠枝纹，笔触流畅，形态潇洒。这种造型的小罐子主要出口东南亚地区。

现收藏于上海博物馆。

---

① 上海博物馆.幽蓝神采：元代青花瓷器特集[M].上海：上海书画出版社,2012:161.

42.元　青花花卉纹双系罐①

　　此类小罐一般出口到东南亚地区，形制为唇口、直颈、圆腹，颈肩部装饰有双系。罐体一般装饰有折枝花卉纹、串枝花卉纹。该罐采用国产青料绘制，釉色有点发灰，但是显得厚重。

　　现收藏于上海博物馆。

---

①　上海博物馆.幽蓝神采:元代青花瓷器特集[M].上海:上海书画出版社,2012:162-163.

43.元　青花串枝菊花纹折腰碗①

　　元青花串枝菊花纹折腰碗，口沿外撇，腰部向里微折，圈足。该碗装饰卵白釉，釉层肥厚汝浊，受釉层影响，表面纹样略有朦胧感。碗表面装饰青花纹，口沿处装饰卷草纹，碗心装饰火焰纹。碗的外表面绘制一圈缠枝菊花纹，潇洒飘逸。

　　现收藏于上海博物馆。

---

①　上海博物馆.幽蓝神采：元代青花瓷器特集[M].上海：上海书画出版社,2012：164-165.

44. 元　青花串枝菊花纹碗①

　　元青花串枝菊花纹碗，口沿外撇，腹部微微向下收缩，圈足略微外撇，胎体较白，釉面汝浊，釉下有青花装饰，色泽蓝灰。碗口绘制二方连续卷草纹，碗心有火焰纹。碗的外壁装饰有一圈缠枝菊花纹，四朵菊花枝叶相连，颇有意味。

　　现收藏于上海博物馆。

---

① 上海博物馆. 幽蓝神采：元代青花瓷器特集［M］. 上海：上海书画出版社，2012：166-167.

45.元　青花釉里红开光镂空花卉纹盖罐①

元青花釉里红开光镂空花卉纹盖罐，采用青花和釉里红技法进行装饰，釉面光滑白皙，青花发色浓郁，装饰纹样层次清晰。罐子的盖顶部是蹲狮钮，盖子上装饰有变形莲瓣纹、缠枝卷草纹、斜回形纹。罐身肩部较斜，装饰有缠枝卷草纹、如意云肩纹，云肩纹里面是层层的水纹，并在中心装饰有莲花纹图案。云肩纹中间是折枝牡丹纹。罐子鼓腹至胫部略收，装饰有四个菱花形花卉纹，装饰母题为牡丹、石榴、菊花、四季花，青花渲染枝叶，釉里红渲染花卉和山石，红蓝色彩穿插对比，非常鲜艳。

现收藏于河北省文物保护中心。

---

①　上海博物馆.幽蓝神采:元代青花瓷器特集[M].上海:上海书画出版社,2012:174-175.

46.元　青花狮球纹八棱玉壶春瓶①

　　元青花狮球纹八棱玉壶春瓶，形制通体为八棱形状，口为敞开喇叭口，颈部较细，腹部下垂略微鼓起，圈足微外撇。该玉壶春瓶装饰青花纹饰较为满密，口沿内描绘了八朵如意云纹，细颈上装饰蕉叶纹、回纹、变形莲瓣纹。腹部装饰有传统纹样双狮戏球、钱纹，腹底部有变形莲瓣纹，内饰云纹、圈纹，圈足上装饰二方连续花瓣纹。双狮戏球是常见纹样，狮子正在嬉戏玩耍，身上挂着彩球璎珞，寓意威严、祥瑞、喜庆。狮子周围空白处装饰有火焰纹、方胜纹、灵芝纹等，寓意吉祥如意。

　　现收藏于河北省文物保护中心。

---

① 　上海博物馆.幽蓝神采：元代青花瓷器特集[M].上海：上海书画出版社，2012：181.

47.元　青花折枝花卉纹八棱执壶①

元青花折枝花卉纹八棱执壶，有盖，从形制看，口沿部为敞开的喇叭口，颈部细长，腹颈两侧有流和柄，腹部鼓起且下垂，圈足外撇。该执壶胎色白中微微泛红黄，瓷质较为细腻莹润，釉色略微带有蛋青色。

该执壶全身装饰有青花纹样，颈的上半部装饰蕉叶纹，中间装饰一圈回纹，颈的下半部装饰双线变形莲瓣纹，内有火焰宝珠纹装饰。执壶腹部上面卷云纹之间装饰有六组牡丹、莲花、栀子花等折枝花卉纹，下部为仰式莲瓣纹。圈足、壶口均装饰卷草纹。

现收藏于河北省文物保护中心。

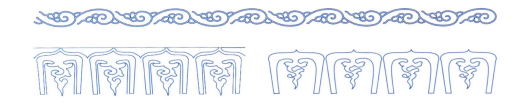

---

①　上海博物馆.幽蓝神采：元代青花瓷器特集[M].上海：上海书画出版社，2012：182-183.

48. 元　青花云龙纹盖盒①

元青花云龙纹盖盒，整体造型为扁圆形，分为盒身和盒盖，中间有格盘。盖子绘制云龙戏珠纹和波涛纹，盖的四圈为海水纹。在盖和底的咬合处外表装饰有几何钱币纹和卷草纹，盒下部装饰有莲瓣纹且内里装饰独立卷草纹。元代青花瓷中，带有隔盘的盒子并不多见，完整器物只见此物，弥足珍贵。

2002 年河北省沧州市南皮县出土，现收藏于河北省文物保护中心。

①　上海博物馆.幽蓝神采:元代青花瓷器特集[M].上海:上海书画出版社,2012:184-185.

49.元 青花云龙缠枝牡丹纹兽耳盖罐^①

　　元青花云龙缠枝牡丹纹兽耳盖罐，纹饰一层一层，足有十余层，显得纷繁复杂，但主次分明。主体纹饰装饰在腹部，为两组，上腹部为云龙纹，下腹部为缠枝牡丹仰覆纹。龙纹细颈长躯，轻盈飘逸。颈部装饰有缠枝菊花纹，肩部为变形莲瓣纹且内饰杂宝纹。胫部装饰有二方连续钱纹、变形莲瓣纹。青花钴料为苏麻离青料，发色较为艳丽，青花浓郁处铁锈斑明显。

　　1980 年江西省高安市元代窖藏出土，现收藏于高安市博物馆。

---

① 上海博物馆.幽蓝神采：元代青花瓷器特集［M］.上海：上海书画出版社，2012：186-187.

50.元　青花云龙纹荷叶盖罐①

元青花云龙纹荷叶盖罐，颈部较直，腹部较圆鼓起，浅圈足微微外撇。胎体较白，白里泛青，釉面光洁，青花略有晕散现象。盖子形制为仿生荷叶形，描绘了旋转状叶脉纹，盖钮为荷叶柄。盖面的东南西北四个方向绘制了鳜鱼、螃蟹、青鱼、鲶鱼各一尾，鱼儿们仿佛穿梭在莲叶间轻盈游戏，令人愉悦。罐身主要纹饰有四层，颈部装饰有二方连续球状纹，肩部描绘了一仰一俯生动的缠枝牡丹纹，腹部装饰双龙戏珠纹，龙头朝上，两龙中间装饰有卷云纹，细腻生动。胫部装饰变形莲瓣纹，内里有云纹和圈纹。

现收藏于江西省高安市博物馆。

---

① 上海博物馆.幽蓝神采:元代青花瓷器特集[M].上海:上海书画出版社,2012:188-189.

51.元 青花云龙纹带盖梅瓶[①]

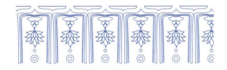

　　元青花云龙纹带盖梅瓶，有盖遮住口部，造型端庄典雅，釉色白润，青花明妍，纹样精美。从外形来说，梅瓶口子较小、唇口外翻、肩膀较圆润，腹部渐收，矮圈足微微往外撇。其盖子为宝珠盖顶，颇有特色，盖上绘制变形莲瓣纹、火珠纹、卷草纹。该梅瓶瓶身共装饰有三层花纹，肩膀处装饰有凤穿牡丹纹，凤尾呈长长的卷曲形，双凤穿梭在花丛中，显得高贵华丽。腹部为云龙纹，飞舞的龙纹首尾相接，腾云驾雾，颇有气势。胫部为变形莲瓣纹，内填莲花纹、火珠纹。

　　现收藏于江西省高安市博物馆。

①　上海博物馆.幽蓝神采：元代青花瓷器特集[M].上海：上海书画出版社,2012:190-191.

52.元　青花萧何月下追韩信图梅瓶①

元青花萧何月下追韩信图梅瓶，形制规整，胎质细白，釉色莹润。该梅瓶采用进口青料绘制五层装饰纹样，肩部绘制变形莲瓣纹，内饰杂宝，肩下部绘制二方连续缠枝莲花纹，花冠一仰一俯，姿态美观。腹部主纹画着"萧何月下追韩信"的人物故事图，人物描绘细腻，场景有竹有松，芭蕉石头丛生，各物姿态优美，描绘精致。该故事图以《史记·淮阴侯列传》中楚汉时期的军事奇才韩信为故事主人公，描绘了萧何爱惜人才，月下追回韩信的画面。

现收藏于南京市博物馆。

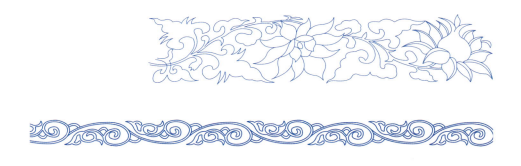

① 上海博物馆.幽蓝神采:元代青花瓷器特集[M].上海:上海书画出版社,2012:193.

53.元 青花云龙纹梅瓶①

元青花云龙纹梅瓶，从形制上来说，造型端庄，瓷质较为细腻，釉色莹润光亮，纹样绘制细腻精美。该梅瓶小口，唇口微卷，颈部接近口沿处较小，向下微微扩大，肩膀较圆，腹部向下微微收起，胫部微收，圈足略微外撇。器身除上部口、颈之外，遍身绘制青花纹，青花发色浓艳，铁锈斑明显。该梅瓶肩部为第一层装饰，绘制变形莲瓣纹，里面装饰杂宝纹；第二层装饰有缠枝莲花纹；第三层在腹部，装饰有四爪龙纹。游龙喷火戏珠，张牙舞爪，腾云驾雾，威风凛凛。第四层为一圈较细的二方连续缠枝卷草纹。第五层为胫部，装饰有较长的变形莲瓣纹，内饰覆莲纹和云纹、圈纹，莲花纹填色青花，云纹用细线勾勒，似烟雾状。

现收藏于湖北省博物馆。

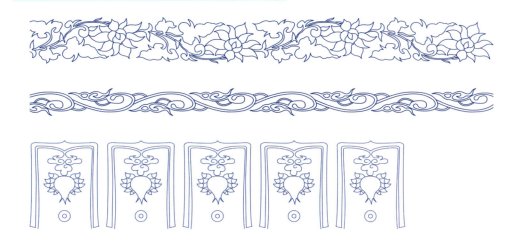

---

① 上海博物馆.幽蓝神采：元代青花瓷器特集[M].上海：上海书画出版社，2012：195.

54.元 青花云龙纹罐①

　　元青花云龙纹罐，形制规整，青花明妍，花纹精细，典雅大方。从形制上来说，唇口微卷，颈部较短且直，鼓腹略收，隐圈足。该罐一共描绘四层纹样，第一层为颈部菱格四方花卉锦地纹；第二层肩部为变形莲瓣纹，里面装饰有杂宝纹、花卉纹；第三层腹部为四爪行龙，祥云漂浮，火焰飞舞；第四层胫部装饰变形莲瓣纹。

　　该罐 1966 年出土于江苏金坛洮西乡，现收藏于镇江市博物馆。

---

① 上海博物馆.幽蓝神采:元代青花瓷器特集[M].上海:上海书画出版社,2012:197.

55.元　青花缠枝牡丹纹兽耳盖罐[①]

　　元青花缠枝牡丹纹兽耳盖罐，形制厚重端庄，造型威武，纹样精致，特色明显，胎质细腻，色彩白细泛青。从形制上来说盖子为帽形盖，宝珠钮，罐盖与罐身相互结合紧密，颈部向里微微收缩，斜肩两侧装饰有兽耳，腹部鼓起且向下逐渐收起，足部略微外撇。青花色泽浓艳，铁锈斑明显。罐身全部绘满青花，从罐盖开始到下部，装饰有变形莲瓣纹、卷草纹、钱纹、波涛纹、杂宝纹、缠枝莲花纹、缠枝牡丹纹等，值得一提的是，二方连续莲花纹花冠形态较大，且晕染层次分明，叶片较柔软，卷曲形态明显；腹部的牡丹花花冠硕大，每一个花瓣都描绘细腻，晕染别致，枝叶作为旁衬弯曲缠绕，表现力强。

　　该罐 1973 年出土于安徽蚌埠汤和墓，现收藏于蚌埠市博物馆。

---

①　上海博物馆.幽蓝神采:元代青花瓷器特集[M].上海:上海书画出版社,2012:199.

56.元　青花蒙恬将军图玉壶春瓶^①

元青花蒙恬将军图玉壶春瓶，造型经典，形制规整，胎质较细腻，釉色显莹润通透，这造型与内容描绘英雄形成对比。装饰纹样的青花原料为进口青料，色彩浓郁，反映了当时元青花的烧造水平。该玉壶春瓶上装饰有《蒙恬将军图》，该题材来源于元代流行的杂剧故事中的人物——秦朝蒙恬将军。蒙恬将军，威风凛凛，身披铠甲，气概威严，体现了武将的风采。虽蒙恬将军为秦朝人，装饰主题为秦朝故事，但是画中人物的服装配饰均为元代，这是元代瓷器工匠的想象之作。

现收藏于湖南省博物馆。

① 上海博物馆.幽蓝神采：元代青花瓷器特集［M］.上海：上海书画出版社，2012：200-201.

57.元　青花云龙纹玉壶春瓶①

元青花云龙纹玉壶春瓶，口沿外撇，颈部细长，垂腹鼓起至胫部收缩，圈足略微外撇。口沿内绘有二方连续卷草纹，颈部装饰有蕉叶纹、几何纹、变形莲瓣纹内绘火焰珠纹。腹部与颈部交接处绘制卷草纹，腹部绘画一条腾云驾雾的游龙，头部描绘非常细腻，张口瞪目。爪为三爪，指甲锋利。元代的龙纹往往和云纹、火纹在一起组合应用。此瓶的火纹、云纹，带有风速，衬托游龙在空中飞舞。

现收藏于山东省青州市博物馆。

① 上海博物馆.幽蓝神采：元代青花瓷器特集[M].上海：上海书画出版社,2012：202-203.

58.元　青花人物图玉壶春瓶①

　　元青花人物图玉壶春瓶，敞口呈喇叭形，颈部较细长，腹部下垂呈胆式，下腹部收起至胫部，圈足外撇。口沿内侧用细细的线条绘二方连续卷草纹，腹部纹样主要装饰人物图，下腹部装饰变体莲瓣纹，内饰涡旋纹。人物图表现为风和日丽的某一天，主仆二人在杨柳树下欣赏莲池美景，四周环境装饰有山石、丛竹、各式花卉。青花装饰比较秀丽，部分青花浓郁处有铁锈斑。元代瓷器人物装饰非常丰富，与元曲发达有较大关系。

　　该罐 1986 年出土于江西上饶北门乡墓葬，现收藏于上饶市信州区博物馆。

①　上海博物馆.幽蓝神采:元代青花瓷器特集[M].上海:上海书画出版社,2012:204-205.

59.元　青花人物图玉壶春瓶①

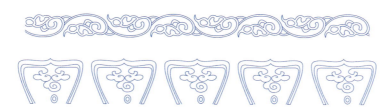

元青花人物图玉壶春瓶，口外敞呈喇叭形，长颈较细，垂腹至圈足，圈足外撇。该玉壶春瓶沿袭传统造型，色彩清新，纹样满密。该瓶颈部绘制波涛海水纹，腹部上下各有一圈二方连续卷草纹，腹部核心区域为人物图，腹下部、胫部为二方连续卷草纹、内饰卷云的变形莲瓣纹，圈足上为卷草纹。腹部描绘的人物图共有三位人物，有两人手持葫芦，相对而立，凝视灵芝草。另一人，手持芭蕉叶搭于肩上。分析这三人动作，应该是正在举行某种吉祥寓意的活动或者仪式。

该瓶 1975 年出土于湖北省崇阳县，现收藏于崇阳县博物馆。

---

①　上海博物馆.幽蓝神采：元代青花瓷器特集[M].上海：上海书画出版社,2012：206-207.

60.元 青花梅花纹带座瓶 菊花纹连座炉①

　　元青花梅花纹带座瓶，瓶和座分成两部分，瓶足插入座中。瓶为敞口，唇口较厚，颈部较长，下腹内收，喇叭状足。该瓶的口沿处绘制有变形回纹，凸棱上下装饰有十字叶纹，腹部绘缠枝梅花纹、涡旋纹。底座为六边形镂空花窗式造型，足部外撇，装饰有几何纹、叶纹。

　　元青花菊花纹连座炉，浅盘口，颈部略微收缩，腹部较鼓。颈部装饰有一个一个涡旋纹，腹部绘折枝菊花纹。原料发色浓淡不一，青料浓郁处为蓝黑色。

　　元代，花瓶和香炉成套出土较多，一般为正式场合陈设用器，在某些仪式活动的时候也常常应用，具有一定的实用价值。

　　现收藏于江西省萍乡市博物馆。

① 上海博物馆.幽蓝神采：元代青花瓷器特集[M].上海：上海书画出版社，2012：211.

61.元　青花菊花蕉叶纹出戟觚^①

　　元青花菊花蕉叶纹出戟觚，喇叭口向外延展，颈部较长，肩膀处直接转折，腹部四边出戟。口沿处唇上绘制一圈二方连续缠枝卷草纹，颈部装饰有二方连续蕉叶纹和四叶钱纹。腹部戟间装饰有盛开的菊花纹，足部有变形莲瓣纹，莲瓣纹内装饰有云纹和圈纹。

　　觚，《说文》："觚，乡饮酒之爵也"，是我国古代的饮酒器与礼器。宋代，青铜觚是文人雅士的鉴藏品和书桌案头雅物，也可以用来插花。

　　该元青花觚出土于1970年北京元大都遗址，现收藏于首都博物馆。

---

①　上海博物馆.幽蓝神采：元代青花瓷器特集［M］.上海：上海书画出版社,2012：214-215.

62.元　青花莲池游鱼纹盘①

　　元青花莲池游鱼纹盘，折沿，弧腹，圈足。盘内外圈绘制两层纹样，第一层为海波纹，第二层为缠枝牡丹花纹。缠枝牡丹花，或俯或仰，花色明妍，层次清楚。盘中间是莲池游鱼纹，莲花朵朵，水草丰茂，鲂鱼、鳜鱼仿佛在水中自在游弋。元代青花瓷中，游鱼纹一般出现在大盘、大罐、大碗中，多与水生植物相配。鱼的画法颇为写实，自然生动，应该是承袭宋代高度写实的画风，也体现了绘画者深厚的功底。

　　该青花盘 1956 年出土于湖南省常德市桃源县，现收藏于湖南省博物馆。

①　上海博物馆.幽蓝神采：元代青花瓷器特集[M].上海：上海书画出版社,2012:217.

63.元　青花诗句缠枝花卉纹高足杯①

　　元青花诗句缠枝花卉纹高足杯，口外撇，腹部较直至底部向里收缩，足为高足，足底外撇。该高足杯的青花发色偏黑，积料处铁锈斑明显。高足杯口沿内部绘制缠枝莲花纹，杯外壁装饰有缠枝花卉纹，技法较为大气潇洒。杯心写有："人生百年长在醉？算来三万六千场"。字体非常潇洒自然。高足杯一般作为饮酒器具，有时也可以作为果盘使用。

　　该高足杯 1956 年出土于湖南省常德市桃源县，现收藏于湖南省博物馆。

---

　①　上海博物馆.幽蓝神采:元代青花瓷器特集[M].上海:上海书画出版社,2012:218-219.

64. 元 青花云龙纹高足杯①

　　元青花云龙纹高足杯，瓷质细腻，口部外撇，腹部略收至底部，高足微微向外撇，高足上装饰有一圈缠枝卷草纹。该高足杯内里绘制一朵莲花，杯壁外部绘制云龙纹，龙头朝上，威风凛凛，画工精致。

　　该高足杯 1998 年出土于安徽省繁昌县新港街道，现收藏于繁昌县博物馆。

① 上海博物馆.幽蓝神采:元代青花瓷器特集[M].上海:上海书画出版社,2012:220-221.

65.元　青花云凤高足杯①

　　元青花云凤高足杯，口沿微微外撇，深腹稍外弧，竹节形高足至底部外撇，胎质细腻莹润。该高足杯内里装饰青花菊花纹一枝，口沿部分有两道弦纹，杯外表面装饰有展开双翅翔翔穿梭云间的双凤。青花装饰用笔大胆，画风自然潇洒，画面生动自然。

　　该高足杯 2003 年出土于内蒙古自治区集宁路窖藏，现收藏于内蒙古自治区文物考古研究所。

①　上海博物馆.幽蓝神采:元代青花瓷器特集[M].上海:上海书画出版社,2012:224-225.

66.元　青花缠枝花卉纹盏、盏托^①

　　元青花缠枝花卉纹盏撇口，曲腹，足较小。盏的口沿处装饰有一圈缠枝卷草纹，内里中心绘制四朵缠枝花卉适合纹样，外壁装饰有青花缠枝双朵菊花纹，菊花纹一朵在前，一朵在后，有重叠之处，表现了草木丰盛。

　　盏托敞口，内外均有青花装饰，盏托盛物处有二方连续叶状钱纹，口沿处有缠枝牡丹纹，枝叶茂盛，盏托外部是变形莲瓣纹，胫部绘制有重叠的蕉叶纹，圈足微微外撇，纹饰很是丰富。

　　此种盏托造型流行于宋元时期，具有茶具和酒具的功能。但类似这样用青花装饰的盏托并不多见。

　　现收藏于北京首都博物馆。

①　上海博物馆.幽蓝神采：元代青花瓷器特集［M］.上海：上海书画出版社，2012：226-227.

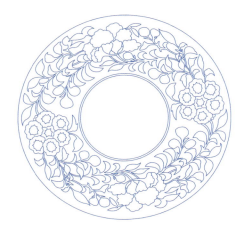

67. 元　青花人物画匜^①

　　元青花人物画匜，敞口较大，唇部较方，浅圆腹至足部微收，一侧有较长的流口。该匜的内里壁上装饰有缠枝卷草纹。内里中心绘制了一位身着官服的男性人物，头戴帽子、身穿长袍、怀抱一伞状物。人物的左侧为山石花草，右侧为仙鹤梅花。猜测该人物为"蓝采和"或"赵汴相"或"曹国舅"。人物周围环绕一圈缠枝卷草纹，流口上的卷草纹装饰逐渐变小。该匜的外部装饰为变形莲瓣纹，画风较为拘谨。匜，为沃盥之礼（洗手）的水器，春秋时期较为盛行。战国后，转为实用居多。元代，匜的造型有融入伊斯兰金属器的元素。

　　该人物画匜 2011 年出土于陕西西安曲江新开门村，现收藏于西安市文物考古研究院。

---

① 上海博物馆.幽蓝神采:元代青花瓷器特集[M].上海:上海书画出版社,2012:228-229.

68. 元　青花庭园锦鸡模印莲花大盘[①]

元青花庭园锦鸡模印莲花大盘，口沿外折，呈葵花形，盘壁弧形向下收，底部圈足。盘面一共绘制三层纹饰，中心一层是庭园锦鸡图，庭院里有葡萄、瓜果、竹石、芭蕉等；第二层青地白花缠枝莲花纹，花冠或俯或仰或团状，非常生动；第三层为海水纹，上有八朵六瓣花卉纹装饰，显得生机勃勃。

现收藏于震旦艺术博物馆。

① 震旦文教基金会编辑委员会.青花瓷鉴赏[M].台北:财团法人震旦文教基金会,2008:54.

69.元　青花海马牡丹纹梅瓶①

①　震旦文教基金会编辑委员会.青花瓷鉴赏[M].台北:财团法人震旦文教基金会,2008:60-63.

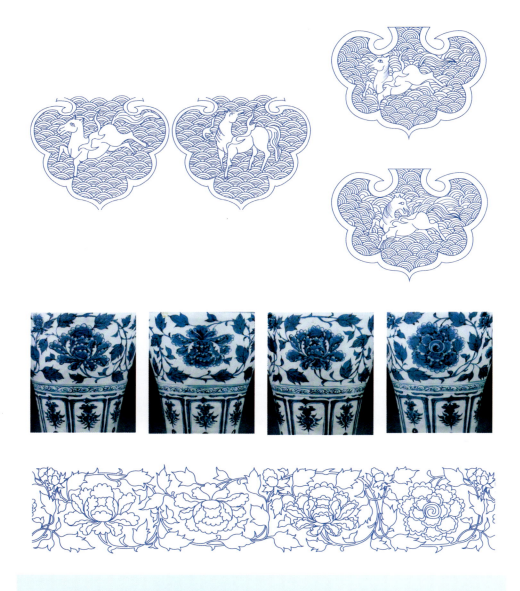

　　元青花海马牡丹纹梅瓶，小口折沿，短颈，高肩圆缓。该梅瓶除颈部外，其余表面均绘有青花纹，共计五层。第一层为肩上部的缠枝卷草纹，第二层为肩下部的海水白马云肩纹、折枝莲花纹。第三层为缠枝牡丹纹，或仰或俯或侧，花大叶小，雍容华贵。第四层为腹部与胫部之间的缠枝卷草纹。第五层为胫部的变形莲瓣纹，内层为细线勾勒，莲瓣纹中间装饰为番莲花纹与圈纹。纹饰均采用大笔绘制并用细线勾勒，色泽明艳，浓处有黑斑点。

　　现收藏于震旦艺术博物馆。

70.元　青花水波莲荷杂宝纹玉壶春瓶[①]

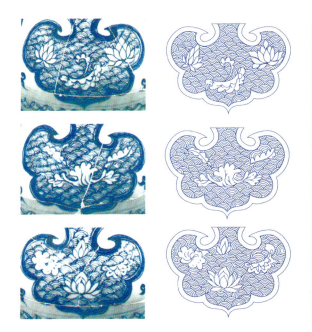

元青花水波莲荷杂宝纹玉壶春瓶，瓶有残损，敞口呈喇叭形，颈部细长，肩部斜溜，垂腹下鼓，圈足微微外撇。该瓶口沿处装饰有缠枝卷草纹一圈，从瓶口外部到圈足共装饰有8层青花纹样，按照顺序为蕉叶纹、回形纹、八宝纹、卷草纹、如意云肩纹、四叶纹、变形莲瓣纹、莲花花瓣纹等。如意云肩纹的边框比较粗，采用细线双层勾勒，内填层层海水纹，装饰有莲花纹、桃花纹。整体看，笔触潇洒自由，颇有韵味。

现收藏于震旦艺术博物馆。

---

① 震旦文教基金会编辑委员会.青花瓷鉴赏[M].台北:财团法人震旦文教基金会,2008:64-65.

71. 元　青花竹石穿莲凤纹把壶①

① 震旦文教基金会编辑委员会.青花瓷鉴赏[M].台北:财团法人震旦文教基金会,2008:68-71.

　　元青花竹石穿莲凤纹把壶，形制为梨形状，上窄下宽，圈足外撇，壶身两侧有流和柄。壶身一侧为升凤图，凤鸟昂首向上飞翔，尾翼长如飘带，另一侧为向下飞行的凤凰，尾翼与缠枝卷草纹融为一体。双凤周围环绕莲花、竹石，生动自然。流和柄上装饰有火纹、杂宝纹，圈足上绘制缠枝卷草纹。

　　现收藏于震旦艺术博物馆。

72.元　青花双凤青花留白菱花口大盘①

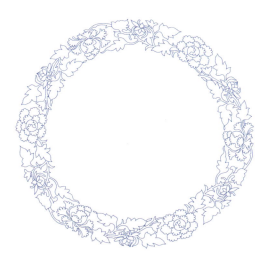

　　元青花双凤青花留白菱花口大盘，盘内装饰纹样分成四层，最外层是海水纹；从外往里第二层是青地白花缠枝牡丹纹，牡丹或是盛开，或是花苞，或是侧面，抑或用莲花装饰牡丹花心；第三层是青地白花双凤穿菊图，凤凰展翅，尾部卷曲呈涡纹状，描绘细腻精致，最中心是莲花适合纹样。青花发色纯正，线条流畅自然，纹样精致细腻，是元青花装饰的精品之作。

　　该大盘收藏于土耳其托普卡帕宫。

---

①　许明.土耳其、伊朗馆藏元青花考察亲历记[M].上海：上海人民出版社,2012:13.

73.元　青花八棱花卉纹瓶①

　　元青花八棱花卉纹瓶，形制为八棱状，上窄下宽，腹鼓，收胫，圈足。金属盖，颈部绘回形纹、变形莲瓣纹，莲瓣纹内饰云纹和圈纹，画工细腻，染色自然。颈腹连接处为缠枝卷草纹，腹部绘制八种花卉单独纹样，腹部和胫部中间间隔缠枝卷草纹，胫部装饰变形莲瓣纹。

　　该八棱瓶收藏于土耳其托普卡帕宫。

---

① 许明.土耳其、伊朗馆藏元青花考察亲历记[M].上海：上海人民出版社,2012:14.

74.元　青花单凤纹折沿盘①

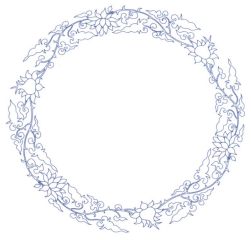

元青花单凤纹折沿盘，正面装饰有三层纹样，中心为单凤呈祥，凤迎风飞舞，双翅展开，尾翼是缠枝卷草纹、火焰纹、云纹的集合体，寓意吉祥。凤的四周装饰有芭蕉、竹石、夕颜、莲花、瓜果等，一派欣欣向荣的景象，寓意繁荣与丰收。第二层为缠枝莲花纹，绘有六朵姿态不一的莲花，形态优美。

该折沿盘收藏于土耳其托普卡帕宫。

---

① 　许明.土耳其、伊朗馆藏元青花考察亲历记[M].上海：上海人民出版社,2012:18.

75.元　青花花果竹石纹大盘①

　　元青花花果竹石纹大盘，正面装饰有三层纹样。盘中心装饰巴蕉、假山、湖石、瓜果，四周喇叭花、藤蔓缠绕，一派生机盎然的田园景象。第二层弧壁装饰有二方连续缠枝莲花纹。第三层盘沿装饰为菱形纹，内填四瓣花纹。

　　现收藏于土耳其托普卡帕宫。

---

① 许明.土耳其、伊朗馆藏元青花考察亲历记[M].上海:上海人民出版社,2012:20.

76.元　青花双凤青花留白菱花口大盘①

元青花双凤青花留白菱花口大盘，正面装饰有四层纹样。盘中心为双凤飞舞图，大翅展开，尾翼呈长条如意状云纹，双凤四周为如意状云纹，云纹层层堆叠，仿若莲纹。第二层为两层堆叠的丛草纹，颇有"疾风知劲草"之感。第三层为缠枝牡丹纹，或仰或俯，或盛开或半开，姿态多样。第四层为六个花瓣的缠枝花卉纹。

现收藏于土耳其托普卡帕宫。

① 　许明.土耳其、伊朗馆藏元青花考察亲历记[M].上海：上海人民出版社,2012:23.

77.元　青花留白花卉纹菱口盘^①

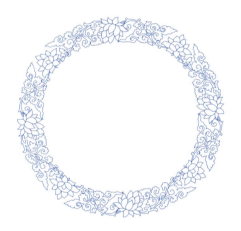

　　元青花留白花卉纹菱口盘，青花发色纯正，纹样细腻精致。纹样共有四层，盘中心为青地白纹，纹样绘制莲荷水池纹，莲花朵朵，花苞随风摇曳，荷叶有展开、有合拢，浮萍漂浮在水面上，画面生动自然。莲池纹四周围了六个如意云纹，外围是花朵似的云纹，颇有仙境的意味。第二层是规律的海水纹，第三层是缠枝莲花纹，叶片似卷云纹。最外层口沿处装饰有缠枝花卉纹，花朵有十组，花瓣为六瓣，枝叶茂盛。

　　现收藏于土耳其托普卡帕宫。

---

①　许明.土耳其、伊朗馆藏元青花考察亲历记[M].上海：上海人民出版社，2012:25.

78.元　青花留白兔纹菱口盘①

　　元青花留白兔纹菱口盘，青花发色浅青，盘内布满纹样，纹样精致细腻。该盘共有四层纹样，盘中心描绘的是天宫中的玉兔，玉兔形态逼真，蹲在卷云纹中，云层层次丰富，形态不一。第二层是堆叠的莲瓣纹，形成了二方连续纹样。第三层是缠枝莲花云纹，该纹样颇有特色，上部为莲花花瓣，下部为对称的云纹，枝叶为卷草纹，此类装饰比较罕见。第四层为盘沿处的缠枝卷草纹。

　　现收藏于土耳其托普卡帕宫。

①　许明.土耳其、伊朗馆藏元青花考察亲历记[M].上海：上海人民出版社，2012：27.

79.元　青花缠枝牡丹纹梅瓶①

---

①　许明.土耳其、伊朗馆藏元青花考察亲历记[M].上海：上海人民出版社,2012:28.

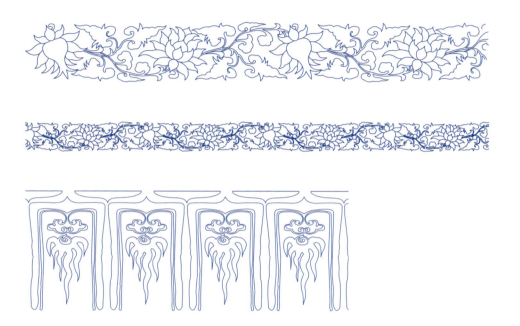

　　元青花缠枝牡丹纹梅瓶，口较小，颈部较短，肩部较圆缓，至下腹部略收，胫部向外微撇。该梅瓶自上而下共有五层图案，肩上部为变形莲瓣纹，内绘杂宝纹，肩下部为缠枝莲花纹，莲花采用双线勾勒，枝叶柔软。腹部绘制缠枝牡丹纹，牡丹花硕大，花瓣采用晕染的技法进行装饰，花蕾和枝叶穿插，非常生动。梅瓶下腹部与胫部之处有细线勾勒的缠枝卷草纹，足胫部有双线勾勒变形莲瓣纹，内绘云纹和火纹，火纹的动感强烈。青花发色浓郁，色泽深处有铁锈斑形成的痕迹。

　　该梅瓶收藏于土耳其托普卡帕宫。

80.元　青花双凤纹折沿大盘^①

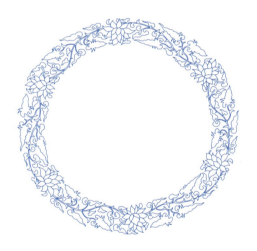

　　元青花双凤纹折沿大盘，青花发色纯正，纹样装饰满密，画风细腻精致。盘内装饰纹样共分三层，盘中心为凤穿莲花纹，双凤飞舞，展翅翱翔，长长尾翼卷曲。双线勾勒的莲花盛开，显得娇嫩，枝叶繁茂，寓意一派欣欣向荣的景象。第二层为缠枝莲花纹。第三层为菱形几何纹，内绘留白小花卉。

　　该折沿大盘收藏于土耳其托普卡帕宫。

---

①　许明.土耳其、伊朗馆藏元青花考察亲历记[M].上海：上海人民出版社,2012:30.

81.元　青花留白菱花口大碗①

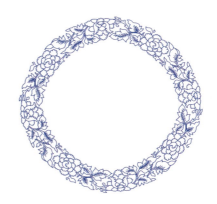

　　元青花留白菱花口大碗，青花发色浓郁，表面内外装饰满密。盘内表面共有四层纹饰。盘内中心是莲花适合纹样，一朵莲花位于中心，四周环绕着 S 形扭曲的卷草纹茎叶。第二层装饰有 16 个变形莲瓣纹，该变形莲瓣纹与一般变形不同，是由裂开两瓣的叶纹组合成变形莲瓣纹，内里装饰杂宝纹。第三层是海水纹，第四层是缠枝牡丹纹，细线勾勒花瓣、叶脉，颇有情趣。碗外表，装饰满密缠枝青花纹样，第一层、第三层是缠枝莲花纹，第二层是缠枝六瓣花卉纹。

　　现收藏于土耳其托普卡帕宫。

①　许明.土耳其、伊朗馆藏元青花考察亲历记[M].上海:上海人民出版社,2012:32.

82.元　青花鸳鸯莲塘纹折沿卷口大碗[①]

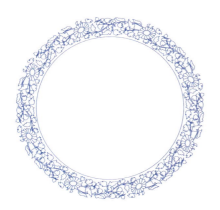

　　元青花鸳鸯莲塘纹折沿卷口大碗，口沿向内折，口沿外装饰有一圈二方连续卷草纹，肩部外斜，腹部下收，圈足外撇。该碗内里中心为莲池鸳鸯纹，莲花朵朵盛开，荷叶田田，水草繁盛，颇有情趣。左边鸳鸯扭头回望，与右边那只四目相对，自由自在，流露出"只羡鸳鸯不羡仙"的情感。莲池外围留有一圈间隔空白，再装饰一圈缠枝菊花纹，花大叶小，以弦纹为界限形成二方连续。

　　现收藏于土耳其托普卡帕宫。

---

① 许明.土耳其、伊朗馆藏元青花考察亲历记[M].上海：上海人民出版社,2012:35.

83. 元　青花缠枝牡丹麒麟纹螭耳罐①

元青花缠枝牡丹麒麟纹螭耳罐，纹饰满密细腻，青花发色浓郁，铁锈斑沉淀明显。该罐共装饰有六层青花，罐口处为二方连续花叶纹，绘制细腻。第二层颈部装饰有海水纹。第三层为肩部装饰有麒麟纹，麒麟乃瑞兽，有吉祥之兆。麒麟周围花草果木繁盛，有藤蔓植物夕颜，有藤蔓水果西瓜和葡萄，寓意着丰收。第四层为腹部，装饰有大朵的牡丹纹，花瓣层层堆叠，花大叶小，枝蔓缠绕，寓意着富贵绵延。第五层为菱形四瓣花二方连续纹样。胫部装饰有变形莲瓣纹，内里装饰如意云纹、莲花纹、圈纹。

该盘收藏于伊朗国家博物馆。

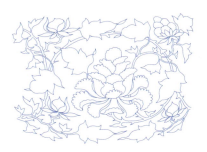

---

① 许明.土耳其、伊朗馆藏元青花考察亲历记[M].上海：上海人民出版社，2012：117.

84.元 青花孔雀花卉纹四系扁瓶①

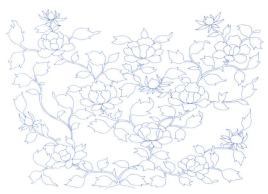

　　元青花孔雀花卉纹四系扁瓶，唇口微微翻卷，颈部细短，溜肩向下至腹部微微收起，内圈足。扁瓶器形完整规整，肩上两边各有弧形四系，纹样精致细腻。颈部装饰五瓣花卉缠枝纹，肩部为云肩纹，内饰缠枝菊花、牡丹、茶花等。下腹部装饰有孔雀牡丹纹，牡丹枝繁叶茂，一对孔雀在枝叶间散步，回首互望，生机盎然。云肩纹下部留有些许空白，显得颇有意境。

　　现收藏于伊朗国家博物馆。

---

① 许明.土耳其、伊朗馆藏元青花考察亲历记[M].上海：上海人民出版社,2012：149.

85.元　青花麒麟狮子花卉纹罐[①]

　　元青花麒麟狮子花卉纹罐，卷唇微微向外，颈部略微向内收缩。颈下部有凸起圈纹，斜肩至腹部，腹部内收，胫部略微向里收。青花装饰满密，发色纯正，纹样精美，画工细腻。青花纹装饰共分为七层，第一层颈上部为二方连续缠枝卷草纹；第二层颈下部为海水纹；第三层肩上部装饰有变形莲瓣纹，内绘杂宝纹；第四层装饰有麒麟狮子在缠枝莲花纹间奔跑；第五层为缠枝牡丹纹，大朵盛开，或仰或俯；第六层为缠枝菊花纹；第七层为变形莲瓣纹，内绘云纹、莲花纹。

　　现收藏于伊朗国家博物馆。

①　许明.土耳其、伊朗馆藏元青花考察亲历记[M].上海：上海人民出版社,2012:152-154.

86.元　青花花果虫草纹梅瓶^①

　　元青花花果虫草纹梅瓶，卷唇向外凸出，短颈微微向内撇，圆肩较丰满，腹部向内收直至胫部，内浅圈足。从肩部至足部均装饰有青花纹饰，肩部的云肩纹非常有特色，粗线云肩纹的两侧加以双线勾勒，内绘花果虫草，成熟裂开的石榴，成串随风摇曳的葡萄，硕大的西瓜，小鸟在果树间停留，昆虫在瓜果中鸣叫，描绘了一派美好的田园风光。此类花果虫草装饰并不多见，小鸟、昆虫栩栩如生，笔触潇洒自然，技法纯熟高超。

　　现收藏于伊朗国家博物馆。

①　许明.土耳其、伊朗馆藏元青花考察亲历记[M].上海：上海人民出版社,2012:157-159.

87.元　青花八方葫芦瓶

　　元青花八方葫芦瓶，该瓶为残器，顶部缺失，腹部大，两头小，造型颇有特色。该葫芦瓶颈部装饰有变形莲瓣纹，里面装饰有云纹、莲花纹、圈纹。腹部描绘有大朵的缠枝牡丹花，雍容华贵。花大叶小，花瓣层次丰富，描绘细腻，叶片动态变化丰富，有随风飘动之感。胫部也绘制变形莲瓣纹，与颈部的装饰呼应。

　　现收藏于伊朗国家博物馆。

---

①　许明.土耳其、伊朗馆藏元青花考察亲历记[M].上海：上海人民出版社,2012：160.

88. 元　青花花果竹石纹盘[①]

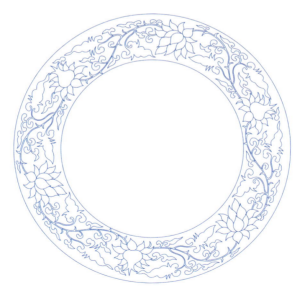

---

① 许明.土耳其、伊朗馆藏元青花考察亲历记[M].上海：上海人民出版社,2012：168-173.

　　元青花花果竹石纹盘，纹饰较满，青花发色清丽。该盘中间为蕉叶瓜果竹石装饰，主题有蕉叶、竹子、葡萄、西瓜、假山等，笔触较严谨，藤蔓缠绕，果木繁盛，生机勃勃。从中间向外第二层为缠枝莲花纹，莲花姿态不一，或俯或仰或侧。第三层盘沿口为菱形四瓣花二方连续，在菱形骨骼两侧勾勒细线，花瓣为蓝地白花，细腻精致。

　　现收藏于伊朗国家博物馆。

89.元　青花留白双鹤莲池纹盘

89.元　青花留白双鹤莲池纹盘[①]

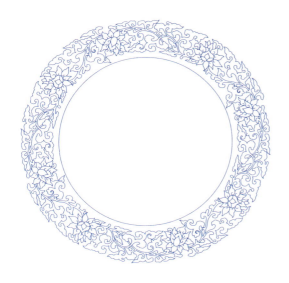

元青花留白双鹤莲池纹盘,纹饰满密,青花色泽浓郁,纹饰层次分明,描绘精致细腻,技法精湛。纹饰共分五层,盘中心描绘了双鹤莲池纹,一对仙鹤悠闲地在池中散步,周围莲花摇曳,莲叶田田。中心与第二层之间采用变形莲瓣纹进行间隔,第二层是如意云纹。第三层为海水纹。第四层为缠枝莲花纹,莲花形态各异,莲花中心略有细微变化。第五层盘外沿为莲花花瓣形的轮廓,内绘海水纹。

现收藏于伊朗国家博物馆。

① 许明.土耳其、伊朗馆藏元青花考察亲历记[M].上海:上海人民出版社,2012:174.

90.元　青花留白花果海水纹盘[①]

　　元青花留白花果海水纹
盘，纹饰满密，青花发色较淡，
纹饰层次分明，描绘精致细
腻，技法精湛。纹饰共分四
层，盘中心圆形内描绘了丰收
的瓜果装饰。第二层采用海水
纹、云肩纹装饰，四个云肩纹
呈十字形，内绘池塘莲花小
景。第三层为缠枝莲花纹，花
叶较之其他装饰微微粗壮一
些。第四层盘沿处描绘了波涛
海水纹。

　　现收藏于伊朗国家博物
馆。

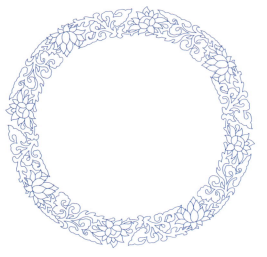

　　① 　许明.土耳其、伊朗馆藏元青花考察亲历记[M].上海：上海人民出版社，2012：177.

91.元　青花莲池纹菱口盘^①

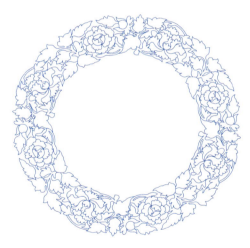
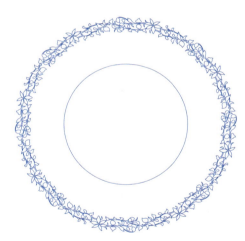

　　元青花莲池纹菱口盘，纹饰满密，青花发色较淡，纹饰层次分明，描绘精致细腻。纹饰共分三层，盘中心一层为莲池小景；第二层为青地白花牡丹纹，花朵娇嫩，叶片肥厚；第三层为缠枝花卉纹，叶片和花瓣比较细小，与牡丹花卉纹形成对比。

　　现收藏于伊朗国家博物馆。

---

①　许明.土耳其、伊朗馆藏元青花考察亲历记[M].上海：上海人民出版社,2012:180.

92.元　青花莲池纹盘①

元青花莲池纹盘，青花纹饰满密，线条挺拔有力，描绘精致细腻。纹饰共分三层，盘中心为莲池小景；第二层为缠枝莲花纹；第三层为菱形四瓣花卉纹。

现收藏于伊朗国家博物馆。

①　许明.土耳其、伊朗馆藏元青花考察亲历记[M].上海：上海人民出版社,2012:183.

93.元 青花鸳鸯莲池纹盘[①]

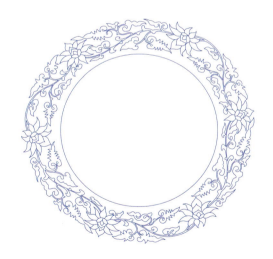

元青花鸳鸯莲池纹盘，口沿外翻，腹部弧壁。纹饰精美，共分三层，盘中心为鸳鸯莲池小景，也可称之为满池娇。鸳鸯莲池纹在元青花瓷器装饰中是常见纹样，鸳鸯成双成对，寓意着美好的情感。第二层为缠枝莲花纹，花叶较为疏朗。第三层口沿处为二方连续形式的海水纹，画工整齐细腻，节奏感强烈。

现收藏于伊朗国家博物馆。

---

① 许明.土耳其、伊朗馆藏元青花考察亲历记[M].上海：上海人民出版社,2012:186.

94.元 青花鱼藻纹盘[①]

元青花鱼藻纹盘，广口折沿，弧壁较浅，圈足。盘内装饰三层纹饰，盘中心是游鱼水草纹。鱼画得肥美细腻，身体的斑纹都非常清晰，仿佛在水中游弋。水草有上下两组，每组水草呈左右对称状，仿佛顺着水流在微微飘动，动态感很强。浮萍浮在水面，与水藻交叉，层次感强烈，颇为生动。从盘中心向外第二层为缠枝莲花纹，莲花有盛开的，有半开的，有侧面的，有俯视的，枝叶柔软穿梭在花丛中，描绘得细腻生动。第三层口沿处为二方连续菱形几何纹，菱形中内饰四瓣花卉，刚柔对比。

现收藏于伊朗国家博物馆。

---

① 许明.土耳其、伊朗馆藏元青花考察亲历记[M].上海：上海人民出版社,2012:196.

95.元 青花海水云龙纹盘①

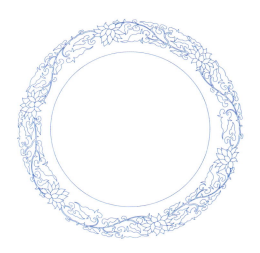

元青花海水云龙纹盘，广口折沿，弧壁较浅，圈足。盘内装饰三层纹饰，盘中心是云龙纹。龙为三爪龙，描绘得非常细腻，威风凛凛。云环绕在龙的周围。云纹采用双线勾勒轮廓，外线比较粗，内里装饰有层层水纹。整体看非常大气又严肃。盘中心向外是缠枝莲花纹，莲花均为侧立花冠，花瓣采用双线勾勒，花瓣之间留白。第三层口沿处为二方连续菱形几何纹。

现收藏于伊朗国家博物馆。

---

① 许明.土耳其、伊朗馆藏元青花考察亲历记[M].上海：上海人民出版社，2012：203.

96. 元　青花莲池纹菱口盘^①

　　元青花莲池纹菱口盘，广口折沿，口沿处为花瓣轮廓，弧壁较浅，圈足。纹样装饰从中心往外有三层，中心为莲池纹，构图大体呈对称形，共有四组莲花，每组莲花由莲花、水草、莲叶组成，莲花朵朵盛开，一片水草丰茂的景象。第二层为密密细线构成的蓝色地，上面留白为勾线的牡丹花。牡丹花花冠丰满，花瓣较圆，茎叶缠绕，叶片较小。第三层为折沿处，装饰有青地白花的缠枝花卉纹。整体看起来，该盘装饰显得轻松愉悦。

　　现收藏于伊朗国家博物馆。

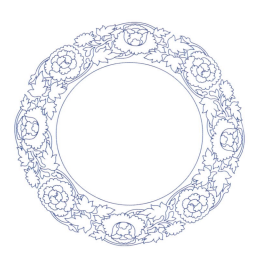

①　许明.土耳其、伊朗馆藏元青花考察亲历记[M].上海：上海人民出版社，2012：210.

97.元 青花飞凤山石花果纹盘①

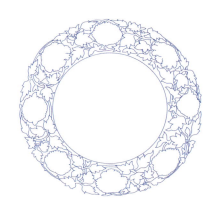

元青花飞凤山石花果纹盘，广口折沿，口沿处凸起是较为厚实的花瓣轮廓，弧壁较浅，圈足。纹样装饰从中心往外有三层，中心为凤凰山石花果纹，凤凰仿佛仰天飞翔，葡萄瓜果丰收，夕颜、瓜果类藤蔓丛生，芭蕉、竹子生机勃勃。第二层为密密细线构成的蓝色底，上面装饰有白色牡丹花，牡丹花冠形态丰富，花瓣较为肥厚丰满，有侧有立，茎叶缠绕。第三层口沿处装饰有青地白花的缠枝花卉纹。盘子的背面装饰有一圈二方连续缠枝莲花纹。

现收藏于伊朗国家博物馆。

---

① 许明.土耳其、伊朗馆藏元青花考察亲历记[M].上海：上海人民出版社，2012：217-219.

98. 元　青花山石瓜果纹盘[①]

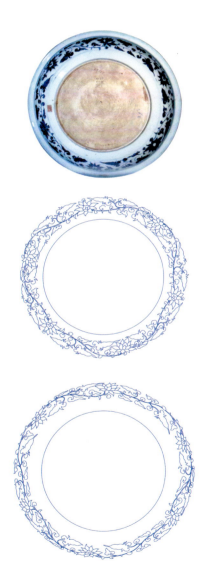

元青花山石瓜果纹盘，口沿处外折，弧壁较浅，圈足。纹样装饰从中心往外共有三层，最中心装饰有葡萄、西瓜、夕颜等藤蔓植物，还有芭蕉、翠竹、山石等，构图满密，颇有一派田园风光之感。第二层为二方连续缠枝莲花纹，花冠勾线留白，有的花芯处有留白。大叶片的形态有程式化特征，叶片顶部较尖，中部有二层弧线，叶下部冒出对称的二须，叶柄处下卷。第三层口沿处装饰有二方连续菱形几何纹。盘子的背面装饰有一圈二方连续缠枝莲花纹。

现收藏于伊朗国家博物馆。

①　许明.土耳其、伊朗馆藏元青花考察亲历记[M].上海：上海人民出版社，2012：220-221.

99.元　青花缠枝牡丹云龙纹罐①

元青花缠枝牡丹云龙纹罐，直口，颈部较短，肩部向下溜，至腹部鼓起，下腹部渐收至胫部，圈足。罐子瓷质较白，青花发色浓郁，纹样绘制精美。从罐口至底部共有五层纹样，第一层为颈部二方连续六瓣花卉缠枝纹，这也是元代常见的花卉纹样。第二层为肩颈接触处绘有二方连续卷草纹，纹样较窄。第三层为腾云驾雾的龙纹，龙为三爪龙，身体各处描绘非常细腻。第四层为下腹部的缠枝牡丹纹，花卉硕大，花瓣一片片非常清晰，花冠有正面、侧面、俯视，也有花柄朝上的，还有枝条上侧伸出的花苞，主茎、小茎、叶片有随风舞动之感，自然生动。足胫部装饰有常见的变形莲瓣纹，外轮廓较粗，内勾细线。

现收藏于北京故宫博物院。

---

① 故宫博物院.故宫陶瓷图典［M］.北京:紫禁城出版社,2010:81.

100. 元　青花鱼纹罐[1]

元青花鱼纹罐，卷唇微微外翻，直口，颈部较短，肩部向下溜，至腹部鼓起，下腹部渐收至胫部，胫底向内收缩至圈足外撇。罐子瓷质较白，青花发色浓郁，纹样采用勾线、晕染、平涂装饰，非常满密。纹样共分五层，第一层为颈部水波纹，用细线画出一层层水的涌动。第二层为颈部的二方连续缠枝莲花纹。第三层为腹部的莲荷鱼藻纹，荷花分组，每组由荷花、荷叶、莲蓬、水藻、浮藻组成，生机勃勃。游鱼在水中游弋，勾画细腻生动。第四层为腹部与胫部的分界，是二方连续卷草纹。胫部为元代常见的变形莲瓣纹，轮廓较粗，内勾细线，内饰云纹和圈纹。

现收藏于北京故宫博物院。

---

① 故宫博物院.故宫陶瓷图典[M].北京:紫禁城出版社,2010:82.

101. 元　青花满池娇图菱花口折沿盘①

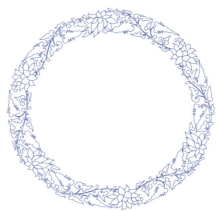

元青花满池娇图菱花口折沿盘，口沿处外折，沿口为花瓣形，弧壁较浅，圈足。纹样装饰从中心往外共有三层，最中心为满池娇图案，绘制五组莲花纹样，莲花朵朵盛开，水草丰茂，水鸟鸳鸯在水中自由自在游弋。第二层为二方连续缠枝莲花纹，大叶片的形态有程式化特征，叶片顶部较尖，中部有两层弧线，叶下部冒出对称的三须，叶柄处下卷，此为常见的缠枝纹装饰叶片。第三层口沿处装饰有二方连续菱形几何纹。盘子的背面装饰有一圈二方连续缠枝莲花纹。此盘装饰典雅，纹饰细腻，很有特色。

现收藏于北京故宫博物院。

---

①　故宫博物院.故宫陶瓷图典[M].北京:紫禁城出版社,2010:83.

102.元 青花地拔白麟凤纹盘^①

　　元青花地拔白麟凤纹盘,口沿处外折,沿口为十五个花瓣形,弧壁较浅,圈足。此盘装饰有四层纹样,最中心处为青地白花,又称"拔白",装饰有麒麟、飞凤、缠枝莲花纹、云纹,有腾云驾雾之感。中心向外第二层为缠枝卷草纹。第三层铺满密密的细线(锦地),留白装饰有细线勾勒的牡丹花卉纹,花朵盛开姿态不一,有俯有仰,叶片描绘较自然生动。第四层为折沿口的二方连续卷草纹。此盘青花发色艳丽,纹样细腻精致,是元代留存至今的精品。

　　现收藏于北京故宫博物院。

---

① 故宫博物院.故宫陶瓷图典[M].北京:紫禁城出版社,2010:84.

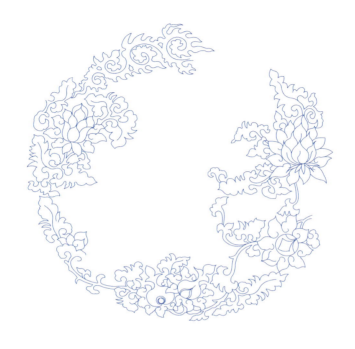

103.元　青地白花缠枝莲菊八宝纹大盘[①]

　　元青地白花缠枝莲菊八宝纹大盘，口沿处外折，沿口为花瓣形，弧壁较浅，圈足。此盘装饰满密，为青地白花，共有五层。最中心层为如意云纹、卷草纹构成的适合纹样。从中心向外第二层为缠枝菊花纹，菊花为团状，花瓣比较肥厚，叶片与菊花在枝茎的缠绕串联下显得非常紧凑满密。第三层为十六个变形莲瓣纹，内里装饰有各式杂宝纹。第四层为缠枝莲花纹，莲花花冠较大，叶片形态弯曲较多。第五层为折沿处二方连续缠枝卷草纹。盘外壁装饰有缠枝莲花纹。此盘装饰纹样细腻精致，线条挺拔有张力，青花发色纯正，是元青花的精品之作。

　　现收藏于震旦艺术博物馆。

①　震旦文教基金会编辑委员会.青花瓷鉴赏[M].台北:财团法人震旦文教基金会,2008:62.

104.元　磁州窑白地黑花龙凤纹罐①

元磁州窑白地黑花龙凤纹
罐，唇口微卷，颈部较直较短，
溜肩向下，腹部鼓起后向底部斜
收至圈足。罐体装饰有黑花，肩
部为缠枝菊花纹，腹部至底为龙
凤纹装饰，纹饰大气，笔触潇洒。
磁州窑大多采用化妆土进行瓷器
表面髹饰，此罐上透明釉，纹饰
颇有特色。

现收藏于故宫博物院。

① 故宫博物院.故宫陶瓷图典[M].北京:紫禁城出版社,2010:107.

自 2012 至今，我们团队从事中国瓷器缠枝纹装饰艺术的研究已持续十年之久。十年间，有思考，有收获，有反思……在这个过程中，我们时常被伟大的中华瓷器文明所折服，这种感受是我们一生的宝贵财富。在研究过程中，我们时常可以想象古代匠人们就是这样一笔一画地在这种"火与土"的器物上表达自己的艺术情感，而我们似乎正在体验这种情感，有时候，这让人热泪盈眶，激动万分。真的，没有什么比这个更值得我们发出内心的光和热了。

此时此刻，本研究即将告一段落。回首往事，我们为自己走过路感到欣慰，为取得的小小成就感到无比的满足。虽然，在历史的长河中，或许所有的付出仅仅是一粒尘埃，终将汇入时代的洪流，但这迈出的一小步，做出的一点点鲜有人关注的事情，对我们来说内心十分满足。

中国是世界瓷器文明发源地。在中华瓷器文明的绵延发展中，我国瓷器拥有了丰富的文化内涵，千变万化的艺术造型，绚丽多姿的色彩，精美绝伦的装饰，向世界展示了独具中华民族特色的优秀文化。中国瓷器缠枝纹装饰审美艺术，是我国古代不同历史时期的典型艺术代表，是中华民族不同阶段的政治、经济、生活的一种文化折射。

元代，游牧文化、西域文化与传统文化深入交融。元代缠枝纹整体装饰风格呈现出繁复满密的状态，缠枝牡丹、缠枝莲花、缠枝菊花是最主要的装饰题材。池塘小景、游鱼虫草、庭院风情、历史人物等表现丰富细腻，形成了元代独有的多民族融合的装饰风格。明代，吉祥文化高度发展，中外交流频繁，装饰艺术繁荣。明代瓷器缠枝纹母题丰富，造型多样，传承创新了中国传统纹样的外延与内涵，表达了"图必有意，意必吉祥"的世俗心境，表现了明代百姓热爱生活、追求幸福的愿景，是中国世俗文化和吉祥文化的典型代表。清代，工艺美术繁缛纤巧、仿古仿真。清代瓷器缠枝纹繁缛、富丽、风情万种，牡丹花冠丰满，象征雍容华贵；石榴、莲蓬多子，象征子孙满堂；葫芦、葡萄藤蔓缠绕，象征福寿绵延；灵芝形似如意，象征如意长寿……清代的这些吉祥装饰观念，在受到外来巴洛克、

洛可可的装饰风格影响之后，呈现出了中外融合的瑰丽风格。

在本著作即将出版之际，感谢湖北省公益学术著作出版专项资金支持，感谢武汉理工大学出版社支持，感谢宁波职业技术学院支持《中国瓷器缠枝纹装饰（元）》（NZ22CB03）作为校级专项课题立项！感谢武汉大学哲学院教授、湖北省美学学会会长范明华先生为本书作序，感谢武汉理工大学出版社史卫国老师、学报社会科学版编辑部韩文革老师的悉心指导、关怀帮助！感谢宁波职业技术学院校领导、各部门的支持，尤其感谢科研处处长杨林生教授的长期指导，感谢研究团队中每个成员的辛苦付出。感谢这十年间，支持、帮助该研究的所有的师长、朋友、亲人们，是你们一如既往无私的帮助让这个研究项目持续到了今天。

瓷器，是火与土的艺术，让我们在这辉煌的艺术和文明中陶醉。我们将不断努力，不断汇聚我们内心的光和热，为挚爱的事业而努力攀登。

最后，文中难免有不足之处，敬请各位专家学者批评指正！